CB141677

Escuta do Desejo

Dinara Machado Guimarães

Escuta do Desejo

Ensaios sobre psicanálise, cinema e literatura

Rio de Janeiro
2014

cia. de Freud

Copyright 2014 © by Editora Campo Matêmico
Proibida a reprodução total ou parcial

Editor
José Nazar

Conselho Editorial
Bruno Palazzo Nazar
José Nazar
José Mário Simil Cordeiro
Maria Emília Lobato Lucindo
Pedro Palazzo Nazar
Teresa Palazzo Nazar
Ruth Ferreira Bastos

Capa
Carolina Fernan

Revisora
Sandra Regina Felgueiras
Darlene G. Angelo Tronquoy

Editoração eletrônica
Abreu's System

CIP-BRASIL. CATALOGAÇÃO-NA-FONTE
SINDICATO NACIONAL DOS EDITORES DE LIVROS, RJ

G977e

Guimarães, Dinara Machado
Escuta do desejo: ensaios sobre psicanálise, cinema e literatura / Dinara Machado Guimarães. - 1. ed. - Rio de Janeiro: Cia de Freud, 2014.
196 p. : il. ; 23 cm.

ISBN 9788577240616

1. Psicanálise e cinema 2. Cinema e literatura. I. Título.

13-02034 CDD: 791.43019
CDU: 791.235:159.9

Cia de Freud

Endereço para Correspondência
Rua Barão de Sertório, 48 - casa
Tel.: (21) 2273-9357 • (21) 2293-5863
Rio Comprido - Rio de Janeiro
E-mail: ciadefreud@gmail.com

A Ihering,
por suas iluminações epifânicas.

Sumário

PREFÁCIO

Dinara Machado Guimarães é ciente de que todo o seu livro, *Escuta do desejo*, pode ser lido como uma metáfora? Ele talvez dê, de fato, metaforicamente, uma ideia do que deveria ser a prática da psicanálise hoje.

Escuta do desejo, cujo subtítulo é *Ensaios sobre cinema, psicanálise e literatura*, é, na verdade, um percurso através de um número muito grande de filmes. O leitor ficará primeiro impressionado com a grande cultura da autora em matéria de cinema, em seguida, pelo requinte de algumas análises. Ele não necessariamente irá capturar logo o significado geral que pode dar a este trabalho. Apenas gradualmente há uma iluminação e o sentido culmina nas "considerações finais".

A primeira parte do livro – que representa a metade da obra – é dedicada à "escrita fílmica escatológica". Quem teria pensado, antes de ter lido este livro, na crescente importância da dimensão excrementícia no cinema? O escatológico se propaga em toda parte, toma todas as formas, da exibição à coprofagia. Por vezes, pode ser somente alusivo, mas se apresenta com bastante frequência na mais crua forma. Mas por que fazer seu recenseamento?

Na verdade, para começar a entendê-lo, deve-se atentar para a composição desta primeira parte. O primeiro capítulo é chamado de "O cinema escatológico como olhar", o segundo "O cinema escatológico como voz", o terceiro "O cinema escatológico como fezes", o quarto "É isso o sujeito excrementício". Aqui, o leitor que conhece um pouco as teorias lacanianas lembra-se de que, entre os objetos *a* – objetos equivalentes ao gozo –, Lacan concebe principalmente as fezes, mas também o olhar e a voz. A questão então é: o que dá ao escatológico esse lugar de alguma forma privilegiada no livro de Dinara Guimarães, já que ele "subsume" não só as fezes, mas o olhar e a voz?

Sabemos, é claro, que qualquer objeto *a* tem por si só uma dimensão de dejeto. Ele é, de certa maneira, o que, caído da cadeia significante, vem causar desejo. Mas isso é suficiente para explicar o lugar que o objeto-excrementício tem no livro? Afinal, poderíamos dizer também que qualquer objeto "olha" o sujeito, e de fato a dimensão do olhar está frequentemente presente nas análises de Dinara Guimarães, mesmo quando o escatológico é apresentado na forma mais crua.

Uma primeira hipótese poderia ser baseada aqui em uma leitura "clínica" das obras. O deslizamento tão fácil entre os diferentes registros pulsionais poderia sugerir o psicótico, para quem os vários orifícios da pulsão (boca, ânus...) acabam por se equivaler, quando ele engole, por exemplo, as mais repugnantes matérias. Marcel Czermak falou a este respeito de uma "desespecificação das pulsões". É disso que se trata?

Mas é em outro nível que vou colocar a minha resposta. Em minha opinião, se no seu livro Dinara Guimarães dá tanta importância ao objeto anal é que este, o menos evanescente dos diferentes objetos pulsionais, vem, pelo fato de sua materialidade, encarnar algo do nosso mundo contemporâneo.

Ao longo de seu livro, Dinara Guimarães mostra-se muito atenta às mudanças no mundo social, e chega, bem ao final do seu trabalho, a evocar "o duplo movimento de mercantilização progressiva e estetização do mundo das mercadorias". Esse movimento, em sua opinião, faz com que a arte seja menos apta a sustentar o vazio – o vazio ao qual retorna fundamentalmente a pulsão, já que o objeto aparente do desejo apenas recobre a falta que o causa. Ela acrescenta, porém, que: "É como se, paradoxalmente, a única maneira de preservá-lo fosse contorná-lo de lixo, do exterior e do interior". Mas isto levanta questões. Podemos realmente dizer que o acúmulo de lixo, onde o espectador parece encontrar um acesso direto ao gozo, conserva, na arte contemporânea, a função de preservar o vazio?

Aqui volto ao meu ponto de partida, ou seja, ao pressuposto de que o livro de Dinara Guimarães funciona como uma psicanálise. Ou, pelo menos, ele dá uma ideia do que poderia ser uma prática psicanalítica em que, no campo social, um objeto, maravilhoso ou repugnante, se faz tão presente que parece obturar qualquer possibilidade de um trabalho analítico.

Se o leitor admitir a hipótese saberá ver como, no livro, há uma espécie de "purificação" do objeto, um desprendimento de seu envelope demais "material". Pode-se entender, então, que, após longamente ter falado de cinema, Dinara Guimarães chegue à literatura e, mais precisamente, a Joyce.

Sabemos como Joyce "recheou" as cartas a Nora, sua esposa, de alusões escatológicas. Mas Dinara Guimarães mostra como Joyce, além deste gosto particular, trabalha com o "elemento humano", o mau cheiro, a sujeira, os aspectos considerados como abjetos do corpo. Ou ainda, mais simplesmente, a vulgaridade, pela qual Joyce diz ter uma escolha deliberada. Mas a vulgaridade precisa ser superada. É função, por exemplo, do gênero muito particular que é a epifania. "A epifania [...] é para ele ver na vulgaridade o que não é vulgar, no ordinário, o extraordinário". Em suma, a "dejeção" está presente em sua obra, mas, a partir dela, criou uma verdadeira escrita literária.

O analista, de fato, está hoje em dia confrontado ao que veicula o discurso social, a crença de que todo gozo é possível, mesmo aquele que ontem teria parecido inconcebível – interditado ou simplesmente nojento. Ora, nossos pacientes não podem realmente fazer a sua análise se, em um momento ou outro, não podem romper com esta crença: só então eles vão se confrontar com a falta constitutiva da subjetividade. Há uma espécie de travessia, de viagem, da qual, em sua maneira, o livro de Dinara Guimarães dá alguma ideia.

Roland Chemama – Psicanalista (Paris)

INTRODUÇÃO

Neste livro, analiso os fenômenos psíquicos que – mediante uma linguagem escatológica, até mesmo excrementícia – organizam a fantasia inerente ao processo de criação e sua relação com o resto ou o dejeto. Ante as diversas manifestações do escatológico exprimindo o gozo que estamos acostumados a ver na tela, estimo ser necessário elaborar uma estrutura comum a essas representações, colocando em evidência os mecanismos subjacentes semelhantes.

Com essa finalidade, sigo o rastro de Jacques Lacan a partir de suas diferentes aproximações ao objeto como um resto do processo de representação, do qual o cinema é uma expressão emblemática. Os estudos são direcionados por suas diferentes modalidades: o olhar, a voz, as fezes, o seio e a formulação do objeto único, o objeto *a*. Em seguida, apresento o cinema escatológico como olhar, voz e fezes, buscando desvelar uma modificação decisiva na concepção do objeto e da representação.

Para esboçar os contornos do objeto escatológico, vou começar explorando os elos existentes entre o cinema e a psicanálise, entremeando-os com minhas reflexões, guiada pela trilogia lacaniana do real, do simbólico, do imaginário e pelos vislumbres imediatos ligados à apreciação dos filmes.

Depois de ter colocado um marco teórico, em que exponho as questões metodológicas, o postulado da eficácia do objeto causa do desejo na fantasia e a criação da sublimação, a primeira parte inicia com um capítulo consagrado ao cinema escatológico como olhar. Nesse capítulo, sigo a via das fezes como fontes originais da pulsão escópica. Os fundamentos teóricos desta hipótese se encontram na topologia do olhar construída por Lacan, que operou uma revirada teórica crucial: não colocar o olhar do lado do sujeito, mas do lado do objeto.

Apoio-me em uma breve análise sobre diversas obras que utilizam uma escrita escatológica comum: *Um cão andaluz* [*Un chien andalou*], do diretor espanhol Luis Buñuel, em colaboração com Salvador Dalí, *Quem quer ser um milionário* [*Slumdog millionaire*], do diretor britânico Danny Boyle, *A partida* [*Okuribito*], do diretor japonês Yojiro Takita, *Pink flamingos*, do diretor americano John Waters, *Merda* [*Merde*], um episódio do filme coletivo *Tókio*! [*Tokyo*!], do diretor francês Leos Carax, *Stalker*, do diretor russo Andrei Tarkovski, *Núpcias de lama* [*Vase de noces*], do diretor belga Thierry Zeno, *Superoutro*, do diretor brasileiro Edgar Navarro, *Zero em conduta* [*Zéro de conduite*], do diretor francês Jean Vigo, *A comilança* [*La grande bouffe*], do diretor italiano Marco Ferreri e *Os quadros de merda nua* [*Naked shit pictures*], dos artistas italiano e inglês Gilbert & George.

No segundo capítulo abordo o cinema escatológico como voz para colocar em questão a noção de mandato do gozo, ou de um império do corpo que se exerce através da transformação da dor implicitamente sexual pela experiência do sublime. Nela proponho ancorar uma nova leitura da sublimação que tem seu outro ponto de ancoragem na ética da psicanálise – ética da insistência do desejo em um cinema que chamo de pós-pornográfico.

As obras analisadas são O *império dos sentidos* [*Ai no korrida*, [*Corrida* [*tourada*] *do amor*], do diretor japonês Nagisa Oshima, *Salò ou 120 dias de Sodoma* [*Salò o centoventi giornate di Sodoma*], do diretor italiano Pier Paolo Pasolini.

No capítulo seguinte, "O cinema escatológico como fezes", introduzo a noção do estado da vida como equivalente potencial ao dinheiro e ao ouro, de acordo com a interpretação do caráter anal por Sigmund Freud. Primeiramente, comento a transformação do ouro em merda, no filme *O cheiro do ralo*, do diretor brasileiro Heitor Dhalia; depois, a transformação da merda em ouro, do abjeto em objeto precioso, o dom, o presente, no documentário *O engenho de Zé Lins*, do diretor brasileiro Vladimir Carvalho. Avanço na análise, destacando a dimensão fantasmática, completando-a pela hipótese de que os dejetos de uma época possam servir de material para o pensamento e a criação literária.

No capítulo final, "É isso o sujeito excrementício", parto da escrita fílmica escatológica aludida acima com o objetivo de aliá-la à representação do sujeito humano como excremento. Tento delimitar a problemática da mudança do modo de funcionamento da ordem simbólica por meio da falta da interdição inscrita na lei paterna. Situação essa que presenciamos hoje no cotidiano, tendo como pano de fundo a dimensão fantasmática do mundo expressa pela violência, que inaugura novos imperativos de gozo, temporariamente: o mundo do tráfico de drogas e o crime.

As obras analisadas são *O corte* [*Le couperet*], do diretor grego Constantin Costa-Gavras, *Tropa de elite*, do diretor brasileiro José Padilha e *O rap do Pequeno Príncipe contra as almas sebosas*, dos diretores brasileiros Marcelo Lunas e Paulo Caldas. Eles aí sugerem a pulverização do sujeito pela desintegração da autoridade paterna, engendrando novos perigos e riscos, enfrentada com a violência redobrada pela qual o sujeito busca instaurar uma nova ordem.

Os capítulos são redigidos de modo a serem lidos separadamente e em qualquer ordem, havendo para o leitor a possibilidade de pular um capítulo e passar para outro. A escatologia neles é sempre tomada no sentido de excrementício. Ela não se refere à parte da teologia e da filosofia que trata dos fins apocalípticos do homem e do mundo relacionados, em muitas religiões, a um evento profetizado nos textos sagrados ou no folclore. Existe outra dimensão a explorar, referida neste livro aos cenários com os dejetos fantasmáticos que trazem simultaneamente satisfação e repulsa ao sujeito.

Na segunda parte, *Vozes e olhares do desejo*, são reunidos estudos independentes no intuito de ampliar a visão da sexualidade além do instintual e do erotismo além do social. Nessa parte, pela extensão da psicanálise ao cinema e à literatura, retorno aos objetos-causa do desejo nos temas seguintes:

– O instante do olhar no documentário *Janela da alma*, dos diretores brasileiros João Jardim e Walter Carvalho, nos filmes *Os invisíveis* [*Les invisibles*], do diretor francês Thiery Jousse e *Novo mundo* [*Nuovo mondo*], do diretor italiano Emanuele Crialese.

– O olhar do fascínio na histérica em *Noite de estreia* [*Opening night*], do diretor nova-iorquino John Cassavetes e *Singularidades de uma rapariga loura* [*Singularidades de uma rapariga loura*], do diretor português Manoel de Oliveira.

– A palavra no centro da ação dramatúrgica em *Escola do riso* [*Warai no daigaku*], do diretor japonês Mamoru Hoshi, e *Mercador de Veneza* [*The Merchant of Venice*], do diretor britânico Michael Radford.

– A sutura em *O ano em que meus pais saíram de férias*, do diretor brasileiro Cao Hamburg, e *Eros*, filme coletivo consagrado ao diretor italiano Michelangelo Antonioni, composto de três episódios: *O fio perigoso das coisas* [*Il filo periculoso delle cose*], do próprio Antonioni, *A mão* [*The hand*], do diretor asiático *Wong Kar-wai*, e *Equilíbrio* [*Equilibrium*], do diretor americano Steven Soderbergh.

– A temporalidade e o desejo em *Time – o amor contra a passagem do tempo* [*Shi gan*], do diretor sul-coreano Kim Ki-duk, e *Vertigo* [*Um corpo que cai*], do diretor britânico Alfred Hitchcock.

– O sexo sem compromisso em *Na cama* [*En la cama*], do diretor chileno Matías Bize, e *O império dos sentidos* [*Ai no korrida* [Corrida [*tourada*] *do amor*], do diretor japonês Nagisa Oshima. *Má educação* [*La mala educación*] versus *Fale com ela* [*Hable com ella*], *Kika* [*Kika*] e *Ata-me!* [*Átame!*], do diretor espanhol Pedro Almodóvar. Também *Baixio das bestas* e *Amarelo manga*, do diretor brasileiro Cláudio Assis.

– O gênero e a escrita em *Uma barragem contra o Pacífico* [*Un barrage contre le Pacifique*], do diretor cambojano Rithy Panh, e *Algo que você precisa saber* [*Quelque chose à te dire*], da diretora belga Cécile Telerman, na medida em que o primeiro eleva uma barragem contra a lógica do inconsciente e o segundo, encena-o.

– O artifício literário de James Joyce a partir do romance *Retrato do artista quando jovem* [*A portrait of the artista as a young man*] e outras obras, colocando em relação o olhar com a epifania das palavras e a suplência do delírio.

Nas considerações finais, retorno aos elementos mencionados no livro para estabelecer um quadro da escrita fílmica escatológica. Avalio alguns aspectos das diferentes abordagens ao objeto *a* como ponto de partida de novas direções, ampliando a representação dos objetos excremenciais aos objetos de arte para concluir que o artista, não só no cinema, mas também em numerosas retomadas nas artes plásticas (outras vezes na poesia, na literatura, na fotografia), bordeja o vazio do real.

MARCO TEÓRICO

Psicanálise em extensão

Neste trabalho de "psicanálise em extensão", considero o saber-fazer do artista com o real para explorar a relação entre cinema e psicanálise. Penso que o artista e o psicanalista se interrogam reciprocamente. Assim, não se trata exatamente do filme do ponto de vista da psicanálise; pelo contrário, é um diálogo particular em que o cinema interpreta a psicanálise.

Reconheço que o inconsciente é uma expressão da linguagem. Donde a importância de seguir o fluxo das imagens pelas quais o cineasta explora um dos grandes eixos da linguagem, da mesma maneira que o poeta joga com as palavras. Mais precisamente, o cineasta dá ao psicanalista a ideia do funcionamento da linguagem, da qual ambos se utilizam. O primeiro pela invenção das imagens em movimento, segundo Gilles Deleuze[1], "[...] cortes móveis da duração", e o segundo por cuidar da dimensão polissêmica das palavras, que têm frequentemente variadas significações para refletir aquilo que diz o analisando de suas relações com o corpo, a fantasia, o desejo. É assim que eles podem se aproximar da dinâmica do inconsciente.

Meu objetivo é tentar trazer à luz, nas análises dos filmes, esse diálogo. Um trabalho que implica, porém, uma transformação. Ele exige um

[1] Deleuze, 1983a, p. 21.

esforço de abstração para deixar de lado o vício metodológico que consiste em explicar uma obra pela subjetividade do artista, confundindo-a com a obra enquanto sintoma, como se fosse possível psicanalisar a obra.

É necessário realizar uma mudança de perspectiva que inverta a condição de impossibilidade da assim chamada "interpretação psicanalítica da arte", que se limita a reduzir a autonomia da obra, em uma possibilidade da psicanálise em extensão, para ressaltar a autonomia da obra, expondo os mecanismos da invenção do artista, sem o menor intuito de interpretá-lo[2].

No estudo da convergência do artístico e do psicanalítico, me interessa particularmente compreender o quanto o artista revela o saber do que ele testemunha poeticamente, de maneira a poder chegar, antes, ao que a psicanálise teoriza.

Esse rumo é apontado por Sigmund Freud, pois, no decorrer de sua obra, ele apreende o inconsciente recalcado na construção de tragédias, de sonhos, de expressões artísticas.

Ao dialogar com William Shakespeare, que já estava lá, antes dele, e era seu parceiro[3], a neurose de Hamlet, a loucura de Lear, o caráter de Macbeth e o ciúme de Otelo etc., inéditos de Shakespeare, abriram a via para o pai da psicanálise[4]. Na obra de Freud, Édipo tem um alcance equivalente ao que tem Hamlet na obra de Shakespeare porque, inconscientes do de-

---

[2] Quanto à interseção entre cinema e psicanálise existem práticas acadêmicas, como as que utilizam o filme para ilustrar noções da teoria psicanalítica, desenvolvidas nas coletâneas de artigos *Psicoanálisis y cine – Un dispositivo en extensión*, *Psicoanálisis y cine – Cuestions clínicas en personajes de películas*, e nos livros *Cinema, psychanalyse & politique*, de Roger Dadoun, *Cinema e psichiatria*, de Glen Gabbard e Krin Gabard.

[3] Freud, 1972 a p. 279-282. Nos textos de Sigmund Freud, é na *Die Traumdeutung* [*A interpretação de sonhos*] que ele fala pela primeira vez do Hamlet de William Shakespeare. Ele trabalha a relação do sujeito com seu inconsciente por meio dos sonhos típicos da morte de pessoas queridas. Aí introduz o Complexo de Édipo que, como o desejo incestuoso para com a mãe, é um desejo inconsciente. Ressalta que Hamlet tem suas raízes no mesmo solo que Édipo rei, de Sófocles, quanto ao ato do crime. Assim, no desenvolvimento de toda a peça, Shakespeare coloca em jogo o espectro paterno que volta como morto-vivente, reduzido à voz espectral pura.

[4] Bloom, 1995, p. 357-378. Na perspectiva de Harold Bloom, uma leitura shakespeariana de Sigmund Freud é possível. Mas não uma leitura freudiana de William Shakespeare. Ele supõe que Freud escreveu seu Hamlet na "Interpretação de sonhos", seu Lear nos "Três ensaios sobre a teoria da sexualidade", seu Otelo na "Inibição, sintoma e angústia", seu Macbeth no "Além do princípio do prazer", vendo aí um encontro de Freud com Shakespeare, e não o inverso.

sejo, eles desvendam a dimensão da subjetividade humana, o que, aliás, faz de Hamlet o maior drama da tragédia do destino: Édipo não sabia o que estava fazendo quando mata o próprio pai; Hamlet sabia do crime edipiano, é impelido a vingar-se do homem que matou seu pai para tomar seu lugar junto à sua mãe, mas suas hesitações e dúvidas obsessivas, a vingança substituída pelos remorsos, suas autorrecriminações e seus escrúpulos de consciência levam-no a adiar o ato, tornando-o incapaz de realizá-lo.

Além disso, Freud estuda a peça *O mercador de Veneza* [*The Merchant of Venice*] utilizando o tema dos três escrínios, os quais simbolizam as três mulheres que escandem a existência humana: a mãe, a amante, a morte. Sua noção de *das Umheimlich*[5] para designar a sensação do estranhamento em relação ao que é familiar, a casa, revela a inesgotável fecundidade do artista, sobretudo quando ele se aventura no terreno do fantástico e do horror.

Freud trata essencialmente de situar o sentido do desejo e do sonho; em síntese, do inconsciente. Quanto ao sonho, sendo na maioria das vezes feito de cenas como em um filme, ele leva o cinema a ser considerado, desde sua invenção, como "máquina de sonhos", do qual se elogia ou se lastima o poder de ilusão.

Evidentemente, há uma coincidência histórica entre a primeira projeção dos irmãos Lumière em 28 de dezembro de 1895, no Grande Café em Paris, e a publicação na mesma época do primeiro texto psicanalítico *Entwurf Einer Psychologie* ["Projeto para uma psicologia científica"], de Freud. Depois, vários pensadores ressaltaram a homologia estrutural entre os conteúdos do filme e do sonho, que por sua vez é a chave do inconsciente freudiano. Isso na medida em que a colocação em cena corresponde ao vínculo entre o conteúdo manifesto do sonho e o pensamento latente.

---

[5] Freud, 1976e, p. 300. Extraí a palavra *Unheimlich* do texto de Sigmund Freud *O estranho*: "Esta categoria de coisas assustadoras constituiria então o estranho; e deve ser indiferente a questão de saber se o que é estranho era, em si, originalmente assustador ou se trazia outro afeto. Em segundo lugar, se é essa, na verdade, a natureza secreta do estranho, pode-se compreender porque o uso linguístico estendeu *das Heimliche* '*homely*' ['doméstico, familiar'] para o seu oposto, *das Unheimliche*; pois esse estranho não é nada novo ou alheio, porém algo que é familiar e há muito estabelecido na mente, e que somente se alienou desta através do processo de repressão".

Eduardo Grüner destaca a analogia entre o filme e o sonho com seus estudos sobre a teoria literária e a estética derivadas da psicanálise, da filosofia, da antropologia e da sociologia. Por causa da correlação lógica do filme com o que Freud batizou como processo primário da condensação e do deslocamento equivalentes às leis da metáfora e da metonímia, respectivamente, ele afirma: "Basta ler o famoso capítulo sete de *A interpretação de sonhos*, para ali encontrar uma teoria completa da construção cinematográfica"[6].

O psicanalista Jean-Jacques Moscovitz, em seu livro *Lettre d'un psychanalyste à Steven Spielberg*, vê nos filmes de Spielberg e de outros autores uma ligação entre câmera interna ou "câmera-sujeito" e câmera técnica ou "câmera-objeto". Pelo uso da luz, dos efeitos especiais, das imagens de síntese e de ilusão, embora a câmera não substitua os sonhos, ela traz novidades, enriquecedoras. Sobretudo no nível do coletivo e do político, sem se afastar do íntimo.

Contudo, a discussão central talvez não seja que haja analogias ontológicas entre o sonho e o filme, mas que, graças à psicanálise, entre outras abordagens, se possa construí-las, gerando um dispositivo de discurso muito sugestivo. Dispositivo que permite à psicanálise e ao cinema se desenvolver no campo da extensão.

O encontro entre os discursos da psicanálise e do cinema é a atualização do fenômeno postulado com o nome de sutura, na descrição de Jean-Pierre Oudart[7], que é literalmente baseada no modelo da lógica lacaniana do significante de Jacques-Alain Miller.

Segundo Miller, a sutura é a relação do sujeito com a cadeia dos significantes na qual pelo menos um representa o lugar de inscrição de todos os outros[8]. Oudart assegura ao texto fílmico uma representação da

---

[6] Grüner, 2001, p.131.

[7] Oudart, 1969, p. 37.

[8] "A sutura dá o nome à relação do sujeito com a cadeia de seu discurso: veremos em seguida que essa cadeia figura aí como o elemento que falta, na forma de alguma coisa que toma seu lugar. Porque, se ela falta, não está pura e simplesmente ausente. Ela sutura, por extensão, a relação em geral com a estrutura da qual é o elemento, na medida em que implica a posição de alguma coisa que toma seu lugar" (Miller, 1966, p. 4).

sutura mais geral, que se produz nesta relação entre o sujeito da linguagem e seu próprio discurso. Trata-se da abolição da falta através da emergência da coisa que provém do campo ausente e que ele chama o "ausente", cujo referencial é o espectador invisível.

A sutura do campo com o extracampo do ausente é um exemplo canônico, mesmo que não seja o único. Mas, em Oudart, a sutura não é só isso. Ela implica outra coisa. Para ele, "[...] o campo do ausente se torna o campo do imaginário do filme, que é constituído pelo ausente e o presente, e o significante encontrado nele ancora-se retroativamente no campo fílmico, e entre os dois campos, onde tem lugar uma troca pela qual o verdadeiro sentido aparece"[9].

Assim, a codificação do filme clássico da sutura busca manter o espaço do ausente elidido, criando a ilusão de recobrir a falta encenando-a – e a não-sutura revela a divisão fora do campo que se trata de reconhecer, permitindo a identificação do olhar do espectador não com os personagens representados, mas com o olhar da câmera, o ponto de vista organizador da representação. Os mais precisos exemplos dos efeitos da sutura são o campo do invisível no filme *O ano em que meus pais saíram de férias* e o plano vazio de Michelangelo Antonioni, como desenvolvo na segunda parte deste livro.

Do nó borromeano do R.S.I. ao nó borromeano cinematográfico

A escrita fílmica é tanto, e bem mais, sustentada pelo real. Por isso, vou seguir o último Lacan quando ele constrói sua formulação do real, que, no meu trabalho interdisciplinar de cinema e psicanálise, tem tido um papel chave: o real e os dois outros registros psíquicos – o simbólico e o imaginário – são entrelaçados, eles constituem a estrutura "borromeana" triádica do ser humano, que, retomando alguns elementos já desenvolvidos nos meus livros anteriormente publicados, *Vazio iluminado*: *o olhar dos olhares* e *Voz na luz*, analiso a seguir.

---

[9] Oudart, 1969, p. 38.

A escrita como um dos dispositivos do discurso me interessa, já que é por meio de suas letras que se entra no real, no real lacaniano. Trata-se do outro real que não é aquele tomado no sentido usual de sinônimo da realidade. O que Jacques Lacan chama realidade está articulado mediante a significação ao registro do simbólico e a esquematização das imagens ao registro do imaginário, sendo que o imaginário detém o simbólico em torno da fantasia particular a cada sujeito, enquanto que o simbólico, em princípio, não tem limites. A percepção da realidade seria assim condicionada por fantasias fundamentais.

Minha referência é, sobretudo, o período em que Lacan se entrega à formulação de uma metateoria, de dimensão puramente significante[10]. Dentro desta perspectiva, durante este período ele traduz as significações das questões que examinou anteriormente na linguagem da lógica. Isso se produz quando o real entra em cena, o real "impossível", em lugar dos dois outros registros, o simbólico e o imaginário, embora o real tenha sido o começo de seu ensino, como ele mesmo o considera no seminário *...Ou pior*.

Quando Lacan toma o nó borromeano como escrita topológica dos três registros, o real excluído será redefinido como ex-cluído. Ele faz corresponder o real ao anel vindo de fora, mas sem o qual o nó não existirá, anel chamado, então, ex-istente. O real estará incluído entre os dois registros, sendo uma presença pela exclusão, ou melhor, uma ex-clusão.

No nó minimamente de três anéis, em que o enodamento se dá por meio de um terceiro anel, acontece que um anel funcionará sempre como terceiro, isto é, haverá um estabelecendo a ligação entre os outros dois, que não têm ligação entre si e que ficariam separados na falta deste terceiro. O fato de serem minimante três fornece ao nó a consistência que o homogeneíza.

---

[10] Lacan, 2006, p. 28. Segundo Jacques Lacan, a lógica começa na história quando certos elementos de linguagem funcionam em uma sintaxe natural, mas a pessoa que a inaugura os substitui por uma simples letra. Pela formulação lógica, graças às letras, tenta dar conta do real da estrutura de linguagem do inconsciente. Ele a trata ou como um matema, ou como um algoritmo, ou como a relação de uma letra com outra etc. como Ferdinand de Saussure havia feito na linguística do estruturalismo.

Lacan escreve: real, no anel em que se monta o nó; simbólico, no anel intermediário; imaginário, no anel que, adicionado aos outros dois, enlaça-os. Daí ser R.S.I. e não R.I.S., como ele mesmo adverte.

No nó borromeano, Lacan define real, simbólico e imaginário pela ex-istência, pelo furo e pela consistência, respectivamente. Vejamos primeiro o que ele diz sobre a consistência, em seguida, a existência e, por fim, o furo que corresponde ora ao real, ora ao simbólico.

Neste nó de três, em que os anéis mantêm-se unidos e fazem nó de modo homogêneo pela adição do terceiro anel, atando os outros dois, Lacan toma o imaginário como o terceiro anel. Daí a atribuição da consistência do nó ao imaginário, o que lhe dá o enodamento, a configuração.

> O nó borromeano – enquanto se sustenta do número três – é do registro do imaginário. Pois que a tríade do real, do simbólico e do imaginário só existe pela adição do imaginário como terceiro. E é por aí que o espaço enquanto sensível se acha reduzido a esse mínimo de três dimensões – seja em sua atadura ao simbólico e ao real – onde se enraíza o imaginário[11].

O imaginário garante, portanto, a articulação dos três registros. Para Lacan, matéria e forma são imaginárias. No "Estádio do espelho como formador da função do eu", ele já havia tratado do imaginário do corpo como a consistência. Aqui, ele mantém que o imaginário dá corpo ao nó. Ele afirma ainda: "A consistência para o falante, é isto que se fabrica e se inventa"[12]. Dessa forma, é com o recurso do imaginário que se pode configurar o real e o simbólico, ou seja, há real imaginarizado e simbólico imaginarizado.

A *existência* do real corresponde à do terceiro anel exi-stente aos dois outros. O sentido de ex-istir é estar de fora e, no entanto, ser suporte, ponto de apoio e de sustentação, condição da existência do nó. A ligação dos dois anéis que por si só não se enodam é feita pelo terceiro anel,

---

[11] Lacan, 1975, n. 2, p. 94.

[12] Lacan, 1975, n. 4, p. 97.

o imaginário, que os ata, torna presente o elemento ex-istente necessário caracterizado pelo enodamento borromeano ao simbólico e ao imaginário. O nó borromeano como escrita topológica inscreve o "impossível" do real.

Quando Lacan se detém no que considera ser o *furo*, ele o faz corresponder ao real, e depois ao simbólico. "Daí a correspondência que tento em princípio do furo com um real que se encontrará mais tarde condicionado à ex-istência"[13]. O furo não tem a consistência dos anéis, mas permite o enodamento, quer dizer, permite ao terceiro anel entrar e sair, operando o enodamento.

Lacan trata também do simbólico em relação ao furo. O real é o furo delimitado pelo simbólico e o simbólico é furo enquanto ele gira em círculo em torno de um buraco. "O simbólico gira em círculo, mas ele não consiste no furo que faz"[14]. Nesse sentido, haveria "real" simbolizável e não simbolizável, conforme fosse ou não contornado pelo simbólico. O simbólico como furo é da ordem da palavra, ele é o sentido que nunca se revela completamente.

Lacan não fica somente aí, ele quer chegar ao real como efeito de sentido.

> Estamos acostumados a veicular o efeito de sentido às palavras e não que ele seja sem reflexão, sem modulação imaginária. Em meu pequeno esquema, o efeito de sentido está na ligação do simbólico e do imaginário. Com o círculo consistente do real ele só pode ter, em princípio, uma relação de exterioridade[15].

Isso significa que o real é necessário para o sentido poder expor-se na interseção do simbólico com o imaginário; mesmo que, segundo Lacan, o real ex-ista ao sentido, por si só ele é sem sentido. O real é aversão ao sentido, mas ele é a versão do sem-sentido. "É o que eu indiquei dizendo--lhes que o real demonstra não ter sentido. Há sentido porque só o sentido enquanto evanescente, reduzido a este ponto triplo, dá sentido ao termo de

---

[13] Lacan, 1975, n. 2, p. 98.

[14] Lacan, 1975-1976, n. 5, p. 53.

[15] Lacan, 1975, n. 4, p. 96.

real"[16]. Para Lacan, o borromeanismo do sentido traz várias possibilidades: o sentido do real no sinthoma; o sentido simbolicamente imaginário da geometria e da matemática. Há a fala plena e vazia de sentido já designadas por ele, no *Discurso de Roma*, como palavra cheia e palavra vazia.

> Eu mesmo estou admirado de conseguir substituir este efeito de sentido enquanto ele faz nó, e da maneira correta, ao que chamarei de efeito de fascinação que se produz em um ponto designável no próprio nó. É sobre esta corda que repousa a maior parte dos efeitos da arte[17].

O efeito de fascinação é compreendido como um momento em que se fica congelado em um sentido dado, ao invés de se deixar fazer o sentido. Para exemplificar a fascinação, nada melhor que o olhar definido por Lacan de passagem no seminário R.S.I.: "O olhar só é definível de um onde em que se vê"[18].

O olhar surge, assim, como construção de objeto: o objeto escópico, que eu continuo investigando, sempre interessada pelos objetos capazes de mostrar o real impossível. Do início ao final do livro, os filmes analisados são tomados como olhar, o que é destacado especialmente no primeiro capítulo da segunda parte, *O instante do olhar*, o olhar além do que o olho vê.

Dimensão do objeto causa do desejo

O olhar, um termo introduzido por Jacques Lacan no seminário *Os quatro conceitos fundamentais da psicanálise*, em 1964, serve para designar o aparelho de produção de uma satisfação, cujo objeto é o gozo estético.

Trata-se de uma anterioridade do invisível sobre o visível. Assim, instaura-se em nós o olhar do Outro, lugar de onde sobrevém o olhar. Refiro-me aos fundamentos teóricos encontrados em Lacan sobre o olhar e, sobretudo,

---

[16] Lacan, 1975-1976, n. 5, p. 34.

[17] Lacan, 1975, n. 4, p. 96.

[18] Lacan, 1975-1976, n. 5, p. 61.

na topologia do olhar construída por ele, particularmente no capítulo do livro evocado acima, intitulado "A esquize do olho e do olhar", que opera uma revirada teórica: o olhar não está do lado do sujeito, mas do lado do objeto.

Essa revirada desloca o olhar do olho e permite entender o olhar como objeto *a*, em vez de confundi-lo com o olho do sujeito que vê. Há uma aproximação dos lugares sujeito e objeto e uma diferenciação da função perceptiva de ver e olhar como construção na relação sujeito-objeto.

Parto daí em minha reflexão para situar o sujeito como quadro e o objeto como olhar, na situação de alguém interpelado por um quadro. O sujeito vê, mas é o objeto que volta como olhar. Essa inversão radical da posição dos termos sujeito e objeto através do olhar – que intervém na contemplação artística e que de certo modo a constitui – permite compreender a subjetividade inserida na ordem da objetividade pelo fato de sermos parte da obra, quer dizer, o objeto é o olhar.

O olhar como objeto é exterior ao sujeito e se faz acompanhar de outros objetos *a* do corpo. Não se consegue simplesmente abrir os olhos e ver. Há um processo de construção do olhar para além do olho, pois este tem a simples função da visão. O olhar como objeto são os olhos de um cego, isto é, olhos que não veem. O cego não tem a visão e, portanto, ele olha. Ele olha quando escuta e se deixa tomar pelo objeto em seu corpo. O corpo funciona aí como tela, a partir do que o olhar se representa de diversas maneiras, mas sempre tendo como referência os objetos causa do desejo: o olhar, a voz, as fezes, o seio.

O ponto importante que analiso a seguir procede dessas diversas conceituações do objeto *a* como causa do desejo, fenômenos que esse objeto permite articular. Isso para tentar transmitir que o cinema, estando vinculado ao resto que funciona como causa do desejo, é olhar, voz, fezes, seio.

Com o tema do resto, o objeto *a* não pode ser representado pelo significante, pois se trata do que o sujeito barrado perde de seu corpo no momento do atravessamento significante, ou seja, o objeto se separa do corpo como resto da operação significante, a qual faz cair o *a*, o objeto abjeto. No entanto, ele articula o que não é significante ao campo dos significantes, ou seja, articula o real do objeto impossível à realidade da fantasia.

Lacan sublinha, no seminário *De um Outro ao outro*, de 1968/69, que esse tema merece ser detalhado, porque o objeto *a* tem mais de uma forma, como Sigmund Freud enuncia explicitamente em sua análise da pulsão, dizendo que o objeto pode ser muito variável, modificar-se em suas substâncias episódicas. Não obstante, ele chega a enunciar quatro, o objeto oral, o objeto anal, o objeto escopofílico, e acrescenta o objeto sadomasoquismo[19].

Posteriormente, no seminário *O sinthoma*, de 1975/76, Lacan conclui: "O objeto que chamei de pequeno *a* é, com efeito, apenas um único e mesmo objeto"[20]. Ele assume aí sua concepção do olhar como resto quando o faz corresponder ao objeto anal e ao objeto oral, sem que um e outro se confundam.

> Há uma dinâmica centrífuga do olhar, isto é, que parte do olho que vê, mas igualmente do ponto cego. Ela parte do instante de ver e o tem como ponto de apoio. Com efeito, o olho vê instantaneamente. É a chamada intuição, através da qual ele duplica o que é chamado de espaço na imagem.
>
> Não há nenhum espaço real. Trata-se de uma construção puramente verbal soletrada em três dimensões, segundo as leis da chamada geometria, e que são aquelas do balão ou da bola imaginado sinestesicamente, isto é, oral-analmente[21].

No seminário sobre os quatro conceitos fundamentais da psicanálise, Lacan considera a pulsão (*Trieb*) como um desses quatro conceitos. Ele vai perscrutar o campo escópico da pulsão entre o olho e o olhar, consagrando todo um capítulo ao olhar tomado como objeto *a*, ao lado dos outros que são o seio, as fezes, a voz. Um objeto fragmentado e brilhoso.

O ensino fundamental de Freud acerca da pulsão escópica é que ela realiza um giro autorreflexivo. Este não é uma simples inversão da finalidade ativa para uma finalidade reflexiva (olhar (na voz ativa) para se olhar

---

19 Lacan, 2006, p. 227. [Lacan, 2006, p. 232].

20 Lacan, 2007, p. 82.

21 Idem.

(na voz reflexiva)). Ao mesmo tempo produz-se o fazer-se olhar (na voz passiva) pela "[...] introdução de um novo sujeito diante do qual a pessoa se exibe a fim de ser olhada por ele"[22].

Lacan retoma e amplia o conceito freudiano de objeto da pulsão para mostrar que o movimento de retorno permite a emergência do sujeito em um terceiro momento e que o objeto da pulsão é o próprio olhar, com a presença desse novo sujeito. Segundo ele, toda pulsão pode se subjetivar articulada gramaticalmente no "se fazer", no qual acrescenta a voz à lista dos objetos pulsionais freudianos, isto é, o olhar, as fezes e o seio. Existe, consequentemente, fazer-se sugar (seio), evacuar (fezes), ver (olhar), ouvir (voz).

Há aqui um problema de enquadre, de delimitação da pulsão, cuja análise deve ser muito minuciosa para que se possa reconhecer nela a função do objeto causa do desejo.

Do ponto de vista energético, a pulsão (enquanto oposta ao instinto) é uma força constante (*Drang*), exigindo uma satisfação que é propriamente falando o seu alvo (*Ziel*). Sua fonte (*Quellle*) corresponde à zona erógena que a inscreve em um movimento na direção do objeto (*Objekt*). Um movimento que, se por um lado tenta atingir a satisfação sem jamais alcançá-la, por outro se dirige a um objeto o qual, segundo Freud, é indiferente. Qualquer que seja o objeto da pulsão, jamais a satisfará plenamente, diferentemente do objeto da necessidade. O prazer da pulsão oral, por exemplo, é o prazer parcial na boca e não a satisfação da fome saciada pelo alimento. Podemos dizer assim que o objeto da pulsão freudiana funciona como causa, a mesma função do objeto *a* lacaniano.

Lacan trabalha também a ideia freudiana da sublimação inscrita nesse movimento pulsional. Ele reafirma que a sublimação mostra o trajeto da pulsão na direção de um objeto inalcançável. Em sua perspectiva trata-se de um trajeto circular de retorno à zona erógena através do qual a pulsão contorna a sua superfície de um ponto de partida até um ponto de chegada, dando a esta zona uma estrutura de borda.

---

[22] Freud, 1974b, p. 150.

A função da zona erógena de inscrever uma estrutura de borda na economia libidinal enquanto lugar da fonte (*Quelle*), um contorno ou um desenho no corpo nesta volta, onde se forma a região privilegiada erógena, não é uma ação dirigida ao objeto; quer dizer que o objeto não é o fim, mas o meio mediante o qual a pulsão atinge satisfação sem alcançar a finalidade. Daí a dupla acepção dada por Lacan ao repartir alvo (*Ziel*), tomada da língua inglesa: *aim* – o trajeto ou o caminho por onde se passa – e *goal* – o ter acertado o tiro no jogo de arco e flecha, que no caso da pulsão seria atingido com o retorno em circuito pela borda ao ponto de partida. A satisfação pulsional não está assim em recuperar o objeto, mas em circundá-lo, pois não importa qual objeto está em jogo.

> [...] é esse objeto que confundimos muito frequentemente com aquilo sobre o que a pulsão se enclausura – este objeto, que de fato é tão somente a presença de um cavo, de um vazio ocupável, nos diz Freud, por qualquer objeto, e cuja instância só conhecemos na forma do objeto perdido, a minúsculo[23].

De acordo com a distinção de Lacan entre o propósito (*aim*) e a meta (*goal*) – *goal* é o destino final enquanto que *aim* é o que se tenta fazer, isto é, o caminho em si –, o propósito final da pulsão não é a meta, a satisfação plena. O propósito é se reproduzir como pulsão, voltar ao seu caminho circular, de continuar até e desde a meta. E a fonte real do gozo (*jouissance*) é o movimento repetitivo nesse circuito fechado.

> [...] quando confiamos uma missão a alguém, o *aim* não é o que traz na volta, mas o itinerário que deve tomar. O *aim* é o trajeto. [...] Se a pulsão pode ser satisfeita sem alcançar o que, desde o ponto de vista de uma totalização biológica da função, seria a satisfação de sua finalidade de reprodução, ela se deve a que é uma pulsão parcial e a que seu alvo é simplesmente esse retorno em circuito[24].

---

[23] Lacan, 1973, p. 164. [Lacan, 1979b, p. 177].

[24] Ibidem, p. 163.

Esse regresso a Freud feito por Lacan lhe traz as vantagens daquilo que ele abandonou. Ele compreende que, na economia libidinal, o desejo e a pulsão opõem-se claramente em seu modo de relacionar-se com o gozo.

O gozo não tem nada a ver com o orgasmo, nem masculino, nem feminino. O gozo não só é inalcançável, desde sempre perdido, mas inclusive o sujeito não pode nunca se liberar dele. O gozo insiste na repetição. Daí a noção lacaniana do gozo excedente, ou seja, a renúncia ao gozo que produz um resto ou um excesso.

O desejo representa uma economia na qual o objeto que o sujeito alcança nunca é a "Coisa Real". O desejo tenta conseguir a Coisa, porém a elide sempre. No desejo, se é representado por um círculo, haverá um corte que impede que o encontro com o objeto que não o encobre se efetue completamente. Por isso, para Lacan, o objeto causa do desejo, oposto ao objeto que satisfaz a necessidade, é por definição uma metonímia da falta, um substituto do nada.

O objeto *a* não é a finalidade, a meta do desejo, mas sim sua causa. Ele é causa-objeto de desejo e não o objeto do desejo. Na medida em que o próprio desejo é uma espécie de efeito baseado e constituído na função da falta, que só aparece como efeito ali onde se situa a ideia de causa, isto é, unicamente no nível da cadeia significante à qual o desejo confere a coerência, o sujeito lacaniano constitui-se essencialmente como metonímico.

Ora, a pulsão representa a economia oposta, dentro da qual ela acompanha sempre os atos do sujeito. Isso explica também a diferença entre a reflexividade da pulsão e a reflexividade do desejo: o desejo almeja sua própria satisfação, o adiamento do encontro com o gozo; a reflexividade do desejo é basicamente converter a impossibilidade de satisfazê-lo no desejo de não satisfação; a pulsão encontra sua satisfação no movimento mesmo destinado a reprimir essa satisfação. O que é então a pulsão? Na sua forma mais radical ela é, sobretudo, pulsão de morte, ainda que essa seja mais manifesta sob seu aspecto de supereu.

A irredutibilidade das interpretações teóricas da psicanálise não é, portanto, outra coisa que a irredutibilidade do próprio objeto que, enquanto causa do desejo, é um resto, fazendo com que, na atualidade, a dinâmica das pulsões, no que se refere ao gozo, encontre-se revista. Não se tem só a compreensão do sintoma como um nó estritamente simbólico a decifrar e interpretar. Há também o *sinthoma* munido do gozo. Essa concepção inclui o ensino de Lacan nos últimos anos sobre a universalização do *sinthoma*[25], que é, para ele, o sintoma do homem.

Talvez seja por isso que, nos filmes *O cheiro do ralo* e *O engenho de Zé Lins*, a relação entre o sintoma e o marco fantasmático que organiza o gozo resulte tão evidente quanto o destino de uma interpretação psicanalítica, conforme desenvolvo no capítulo 3 deste livro, "O cinema escatológico como fezes".

Goza! Porque deves!

Uma longa tradição de reflexões sobre a voz tem tomado como modelo o erotismo. Seja a voz implicada no ordálio da ordem sem sentido, atroz, caprichosa, arbitrária e impossível que caracteriza a poesia do amor cortês; seja a voz da consciência propulsora da ética kantiana; seja a voz do imperativo categórico lacaniano: "goza"! Cabe então nos determos sobre o fato de que essa voz conduziu as reflexões sobre as questões morais com as quais os filósofos, psicanalistas, poetas, cineastas se enfrentaram durante muitos anos.

É essa voz que emite comandos, advertências ou admoestações que realmente se escuta. Ela é igualmente o objeto-voz, em todos os sentidos do termo de Jacques Lacan, como o objeto causa do desejo. Uma voz muda, isto é, que não se ouve pelos sons fisicamente audíveis porque ela procede do Outro lugar, da fantasia fundamental.

Esse ponto de contato entre a voz e a ética me permite tratar as quatro problemáticas que desenvolvo a seguir.

1. A voz do desejo imperativo de Jacques Lacan
2. A voz do desejo transgressivo de Georges Bataille
3. A voz da consciência de Immanuel Kant
4. A voz do mandato libertino do Marquês de Sade

---

[25] *Sinthoma* é um neologismo lacaniano no seminário *Le sinthome*, calcado sobre antiga forma de escrever que data de 1503.

São alguns aspectos da voz no contexto da transformação da dor em prazer, implicitamente sexualizada pela experiência do sublime. É porque, nessa transformação, encontra-se o paradoxo do gozo freudiano lacaniano que vai mais além do princípio do prazer. Isso é antecipado pelo paradoxo de *das Ding*, a Coisa inacessível, cujos contornos são discernidos como os de um vazio, o vazio invisível do real em torno do qual Lacan articula o conceito de sublimação. Em outras palavras, vou partir do sublime e chegar à sublimação[26], que significa "um objeto elevado à dignidade de uma Coisa" – o real lacaniano –, para que a criação simbólica aconteça.

Em consequência, retomo o sublime no seminário *A ética da psicanálise* de Lacan, que segue no sentido das ressonâncias entre o seu pensamento e o de Georges Bataille, no qual proponho ancorar uma nova leitura da sublimação que tem seu outro ponto de apoio na ética lacaniana do real. Uma ética da insistência do desejo; ou seja, o desejo como intransigente insistência. Daí busco a manifestação da ética do real anunciada de forma muito emblemática pela expressão *ne pas ceder sur son désir* [não ceder de seu desejo], o ato de se permanecer fiel ao desejo, que convém evitar confundir com o mandato do supereu, "Goza"![27]. Pretendo mostrar que o supereu, em um cinema que chamo de pós-pornográfico, exprime uma lei moral que não está integrada no universo simbólico do sujeito, na medida em que esta ordem se torna incompreensível, arbitrária, traumática, ocasionalmente obscena, pois, ao contrário, pressiona o sujeito para não ser fiel ao seu desejo, mas ao desejo do Outro.

---

[26] Lacan, 1986, p. 140 [Lacan, 1997, p. 141].

[27] Freud, 1974b, p. 85-89. Sigmund Freud, no seu estudo "Sobre o narcisismo: uma introdução", relaciona a voz da consciência ao supereu, no delírio de observação da paranoia, da qual estuda os desenvolvimentos no sintoma da neurose e da perversão. "Os delírios de estar sendo vigiado apresentam esse poder numa forma regressiva, revelando assim sua gênese e a razão por que o paciente fica revoltado contra ele, pois o que induziu o indivíduo a formar um ideal do eu, em nome do qual sua consciência atua como vigia, surgiu da influência crítica de seus pais (transmitida a ele por intermédio da voz)". Restringe-se a comparar essa voz à instância moral do supereu, que ele considera como voz da consciência, ou *consciência moral*; e situa no mesmo plano as vozes da alucinação verbal na paranoia e o insulto do masoquismo, na neurose e na perversão, ambos compreendidos por ele como retorno do recalcado. No ensino de Jacques Lacan, ao conferir à voz o estatuto de objeto *a*, Lacan avança a noção do supereu freudiano, no qual ele considera o lado do registro do real.

Nesse percurso, refiro-me a Slavoj Žižek. Tomo a ética da psicanálise proposta por Lacan como uma versão do mandato que Bataille enuncia: "[...] ir tão longe quanto possível ao ponto em que os contrários coincidam, a dor infinita se transforma na mais intensa alegria, a intensidade do gozo erótico encontra a morte"[28]. Segundo ele, tanto mais perto do divino quanto mais imersos somos no animal voraz de cada um de nós, subordinando o presente ao resultado, substituindo a expectativa de alguma coisa ao que é dado no instante, sem espera.

Outra coincidência significativa de Lacan com Bataille é a descrição da mulher. Lacan, no seu seminário *Le sinthome* [*O sinthoma*], diz que a Mulher é outro nome de Deus. Bataille, em *Madame Edward*, na mesma linha de pensamento, eleva a mulher debochada ao *status* de Deus:

> Sentada, ela mantém alta uma perna mais afastada; para melhor abrir a fenda, ela puxa a pele com as mãos. Dessa maneira, os lábios de Eduarda me olhavam, aveludados, róseos, cheios de vida, como um polvo repugnante. Balbuciei, docemente: "Por que é que você faz isso?" – "Sabe, disse ela, eu sou DEUS"[29].

É lógico, portanto, que Lacan seja atraído pelas mulheres místicas, com o seu gozo extático, por estarem diretamente em contato com Deus em lugar de consentir no prazer sexual. Entre elas está Santa Tereza de Bernini. "Há um gozo a ela, do qual talvez ela mesma nada saiba, senão que o experimenta – isso, ela sabe"[30], diz ele, ao falar do gozo místico, ao qual particularmente as mulheres têm acesso.

Percebe-se também outro interesse de Lacan pelas mulheres quando ele remonta ao tempo do erotismo do amor cortês, na Idade Média. Na re-

---

[28] Bataille, *apud* Žižek, 2005, p. 78.

[29] Bataille, 1971, p. 21.

[30] Lacan, 1972-1973, p. 69. Jacques Lacan propõe "o outro gozo" que não é o gozo fálico. Trata-se de uma noção complexa que ele vai situar na intrincada relação da linguagem com o desejo, a qual funda um hiato radical entre o homem e a mulher que significa impossibilidade da relação sexual.

lação assimétrica entre o cavalheiro e a Dama idealizada que este corteja[31], argumenta que a Dama está reduzida ao vazio, ao vacúolo, o sinônimo de latrina com que ele designa o lugar da Coisa, *das Ding*. Ela é assim postulada como um objeto inacessível, esvaziada de toda substância real, dessexualizada e, na medida em que encarna a sexualidade, torna impotente o sujeito masculino, por meio do que finalmente o desejo se sublima.

Para ressaltar a natureza da prova que representa a jurisdição das Damas, Lacan cita o poeta do amor cortês, Arnaud Daniel[32], que se entregou ao exercício da literatura escatológica. O poema consiste das queixas do poeta sobre os maus cheiros que o esperam, pois, cumprindo seu dever no pacto amoroso com a Dama e suas ordens – Dama que no poema se chama Domna Ena –, ele a autoriza a urinar-lhe na cabeça e a outras humilhações. Isso dentro da casuística moral cortês, que supõe provas de seu amor, sua fidelidade, seu engajamento, cumprido na ocasião e por meio do componente masoquista da pulsão sexual.

Evidentemente, a posição da Dama na poesia dos trovadores não é a da portadora do místico gozo feminino, mas a da inacessibilidade do desejo, que, de tão sublime ou de tão erótico, torna diferentes essas mulheres eternas, segundo o tempo e o espaço.

Assim, não é uma simples coincidência que, na mesma data, tenham sido realizados o seminário sobre a ética da psicanálise de Lacan e a publicação sobre o erotismo de Bataille. Ambos levaram a cabo reflexões semelhantes sobre o lugar inacessível que ocupa o objeto causa do desejo. Revelaram uma audácia mais significativa ao desenvolver versões sobre tais questões do que se tivessem simplesmente rejeitado, ao modo das vanguardas históricas, todo precursor e toda tradição.

Bataille eleva ao seu paroxismo a interdependência dialética da lei com o desejo de transgredi-la. Podemos mesmo ir até a proposição absurda: "O interdito existe para ser violado"[33], afirma o filósofo. Defendendo essa ideia, ele gostava de repetir: "O sistema é necessário e o excesso

---

[31] Conferir Lacan, no livro *L'éthique de la psychanalyse*, 1986, p .171-189 [Ed. port. *A ética da psicanálise*, 1997].

[32] Daniel, *apud* Lacan, 1997, p. 199-200.

[33] Bataille, 1957, p. 72. [Bataille, 1987, p. 42].

também"[34]. Ele pensa, então, que o próprio criminoso deseja a morte a fim de sofrer a sanção e obter uma resposta para o seu crime.

Já Lacan chama a verdade do desejo não de desejo transgressor gerado pela lei proibitiva, mas de fidelidade ao próprio desejo no imperativo "Não cedas de teu desejo", elevado ao nível de dever ético que é, em última instância, o outro modo de dizer "Cumpre o teu dever!" da *Antígona* de Sófocles, escrita em 441 a.C.[35]. Um ato que caracteriza a instância ética do sujeito que não rejeita o desejo, pois que opta por sua forma mais pura. Um desejo purificado do conteúdo imaginário patológico, o que implica em recusar fazer concessões, reconhecendo-lhe uma natureza transcendental em vez de tamponar seu doloroso vazio com tal ou qual ídolo ou fetiche. O ato pelo qual Antígona vai de encontro à lei dos homens representada por Creonte para ir ao encontro da lei dos deuses entra no domínio da *Até*, o aterrador espaço batizado por Lacan como "entre duas mortes" – a "morte simbólica", a exclusão da comunidade da cidade que precede sua própria "morte real" e que lhe confere uma sublime beleza – no qual o ser humano encontra a pulsão de morte no extremo limite da experiência humana e paga o preço por passar por uma "destituição subjetiva", sendo reduzido a um "resto excrementício"[36].

A diferença entre Bataille e Lacan consiste em que, para Bataille, a lei proibitiva geradora do desejo transgressor instala a interdição para que se desfrute de sua própria violação, ao passo que, para Lacan, o vínculo entre a lei e o desejo, segundo o modelo transgressivo, não quer dizer que a própria interdição produza o desejo de transgredi-la. Isso porque a noção

---

[34] Bataille, *apud* Žižek, 2005, p. 77-79.

[35] Sófocles, *apud* Lacan, 1997, p. 328. Em *Antígona*, de Sófocles, *Até*, palavra de origem grega, significa perdição, devastação. Ela pode ser traduzida por *catástrofe*, embora Jacques Lacan tenha preferido *barreira*, âmbito fronteiriço proibido. Antígona é um protótipo da mulher que persiste no seu próprio desejo até o final, como quando se revela a sua verdadeira natureza de pulsão de morte. Insistindo em sua exigência de um enterro apropriado para seu irmão morto, Polinices, ela desobedece à ordem de Creonte que a humilha. Uma ordem proferida por um executor sádico. Seu ato é contextualizado por Lacan com uma citação da peça de Sófocles: "[...] Antígona foi recobrir o corpo do irmão com uma camada fina de poeira que o cobre o suficiente para que seja velado à vista. Pois não se pode deixar ostentando na cara do mundo essa podridão onde os cães e os pássaros vêm arrancar retalhos para levá-los, para os altares, no âmago das cidades, onde vão disseminar, ao mesmo tempo, o horror e a epidemia."

[36] Žižek, *apud* Eagleton, 2010, p. 260.

de Bataille da transgressão não dá a entender a ideia filosófica kantiana do excesso absoluto como a própria lei que intervém na estabilidade "homogênea" na nossa vida orientada para o prazer, como a força explosiva da ruptura de uma "heterogeneidade" absolutamente desestabilizadora – o que, ao contrário, se opera no giro reflexivo de Lacan[37].

Baseando-se na *Crítica da razão prática* de Immanuel Kant e no conhecimento de *La philosophie dans le boudoir* [*A filosofia na alcova*], do Marquês de Sade, Lacan escreve o ensaio seminal intitulado "Kant com Sade"[38], que não foi publicado como prefácio à filosofia da alcova e acabou fazendo parte dos textos de seus *Escritos.*

No rastro da ética kantiana, Lacan demonstra que Sade é o inverso de Kant. Sua busca é a questão central da primeira crítica de Kant, a *Crítica da razão pura*, para chegar a uma máxima universal para a ação, tema da segunda, a *Crítica da razão prática*[39].

Lacan considera que a lei moral de Kant é um retrato do desejo em seu estado mais puro, problema introduzido em seu seminário sobre a ética da psicanálise: "[...] a lei moral, olhada de perto, não é outra coisa senão o desejo em estado puro"[40], observa. Ele está voltado para a inversão paradoxal pela qual o desejo em particular não pode mais estar fundamentado sobre qualquer motivação "patológica", de maneira que "seguir seu próprio desejo" converte a demanda incondicional de uma condição absoluta.

---

37 Conferir Žižek, no livro *Violência*, 2009, p. 62.

38 Delon, 1990, p. 14. Michel Delon, no prefácio do livro *Les cent vint journées de Sodoma ou L'École de libertinage* [1740-1814], do Marquês de Sade, comenta que seus contemporâneos tinham sido sensíveis aos efeitos de espelho e de inversão que ligam Sade a Kant.

39 Dolar, 2007, p. 110-115. Mladen Dolar oferece um marco teórico filosófico para entender o desejo lacaniano dotado do caráter incondicional reservado apenas à lei moral que o sujeito não pode transgredir. "Com Kant, a voz adquire uma forma distinta – para Sócrates, a voz não fazia mais que dissuadi-lo e fará o mal – e se reservava somente aos ouvidos de Sócrates – para Rousseau, a voz divina e natural [era o mesmo] é o guia que diz a cada ser humano como atuar, uma bússola em toda situação, sempre que aí se quer prestar atenção, enquanto a voz kantiana não comanda, não impede nada, nem aconselha, nem dissuade. É uma mera voz que exige inexoravelmente uma única coisa, a submissão da vontade, a racionalidade e a formalidade da lei moral, o imperativo categórico". Segundo Dolar, a breve história da ética da voz encontra sua conclusão, seu desenvolvimento último e talvez o mais puro em Heidegger, com a voz que não diz nada em particular e, portanto, insiste como um puro mandato.

40 Lacan, 1973, p. 247 [Lacan, 1979b, p. 260].

Em outra passagem sobre o critério kantiano do ato ético, Lacan reafirma que se trata de um tipo de desejo que fica além do princípio do prazer. É como a busca sadiana de uma forma impossível e imortal do gozo que ultrapassa todo mero gozo empírico:

> [...] o imperativo moral não se preocupa com o que se pode e não se pode. O testemunho da obrigação, na medida em que ela nos impõe a necessidade de uma razão prática, é um Tu deves incondicional. Esse campo adquire precisamente sua importância pelo vazio em que o deixa, ao se aplicar rigorosamente a definição kantiana.
> Ora, esse lugar, podemos, nós analistas, reconhecer que é o lugar ocupado pelo desejo. O reviramento que comporta nossa experiência situa no centro uma medida incomensurável, uma medida infinita que se chama desejo. Mostrei-lhe como o Tu deves de Kant é substituído facilmente pela fantasia sadista do gozo erigido em imperativo – pura fantasia, é claro, e quase derrisória, mas que não exclui em nada a possibilidade de sua ereção em lei universal[41].

No rigor da ética de Kant, manifesta-se o conceito da voz como uma pura forma, uma agência do supereu que inexoravelmente impõe uma única coisa: a submissão da vontade à racionalidade e à formalidade da lei moral, o imperativo categórico. Não menos essencial é cortar todo laço com o divino já que a lei moral só pertence à razão e não pode ter outra fonte, natural ou sobrenatural. Sua proposta é a seguinte máxima: "Eu tenho o direito de gozar de teu corpo, pode dizer-me qualquer um, e exercerei esse direito, sem que nenhum limite me detenha no capricho das extorsões que me dê gosto de nele saciar"[42].

---

[41] Lacan, 1986, p. 364 [Lacan, 1997, p. 378].

[42] Kant, *apud* Lacan, 1966, p. 769 [Kant, *apud* Lacan, 1998, p. 780]. Kant compreende que a garantia do acesso desejado à máxima universalizável é a exclusão de toda sensibilidade no cumprimento da ação, o que torna o *pathos* uma coisa condenável no sentido de que nenhuma paixão ou sentimentalismo pode fundar a ação ética. Ele se descarta dos dejetos: o prazer, o desejo, a felicidade ou qualquer objeto que possa trair o desejo, em nome do Bem. O direito de gozar do outro mesmo sem sua permissão prevalece, até o limite que se quiser, já que é um direito universal, um direito de todos na sociedade. Kant tem, portanto, a mesma opinião de Sade, eles são como os dois lados da mesma moeda: a ausência de sentimentos.

Para Kant, escuta-se a voz na consciência, sem nenhum sentido religioso. A voz é como um objeto que ele exterioriza. Daí Lacan dizer que Kant chegou primeiro à voz do dentro, a voz que ele vai definir como objeto *a*. É a voz que se impõe ao sujeito.

> Retenhamos o paradoxo que seja no momento onde o sujeito não tem mais em face dele nenhum objeto que ele encontra uma lei, a qual já tem alguma coisa de significante, que se obtém de uma voz da consciência e que, ao se articular em máxima, aí propõe a ordem de uma razão puramente prática ou vontade[43].

Na aproximação de Kant com Sade, pode-se assim perceber, desvelando-se como um pano de fundo, os impasses e os questionamentos do próprio Lacan diante do que ele define como a ética da psicanálise ou, por que não dizer, da psicanálise como uma ética[44].

No que concerne ao cinema, existe uma narrativa ética em decorrência da fantasia sadista do domínio do corpo no imperativo: goza! Eu as analiso mais adiante no capítulo "O cinema escatológico como voz", por meio de algumas obras: *O império dos sentidos, Ai no Korrida* [*Corrida* [*tourada*] *do amor*], de Nagisa Oshima e *Salò ou 120 dias de Sodoma* [*Salò o le 120 Giornate di Sodoma*], de Pier Paolo Pasolini.

A sublimação e a criação

Geralmente a sublimação é entendida no sentido freudiano como dessexualização ou transferência do investimento libidinal para uma forma mais elevada e cultivada de saciamento, a sublimação criadora de valores

---

43 Lacan, 1966, p. 767.

44 Žižek, 2006d, p. 145 [Ed. port.: Žižek, 2008, p. 148]. Segundo Slavoj Žižek, a solução encontrada por Jacques Lacan para o problema da indiscernibilidade entre o desejo puro e a imersão no abismo do gozo em *Kant com Sade* é desenvolvida mais claramente no seminário *O sinthoma*, com a ideia segundo a qual não existe a Coisa-gozo substancial mais além do simbólico. O gozo se encontra dentro de sua ausência, um gozo que surge quando o sujeito perde repetidamente seus objetivos, enquanto que o prazer é gerado pela própria repetição dos fracassos.

sociais. De acordo com a teoria freudiana da pulsão, considera-se assim que ela parte de um fim mais primitivo e de um objeto mais bruto para atingir um fim mais elevado, não sexual.

É Sigmund Freud quem introduz o termo sublimação na psicanálise. Desde a primeira introdução em "Os destinos da pulsão", de 1915, ele trata da sublimação como um destes destinos da pulsão não menos primordial que o recalque na base dos três outros destinos pulsionais.

Na formulação da sublimação Freud acentua por muito tempo que ocorre nela uma mudança de alvo. Fala também de mudança de alvo acompanhada da mudança no objeto, como no final, em 1932, nas novas conferências introdutórias sobre a psicanálise. "Um determinado tipo de modificação de finalidade e de seu objeto são passíveis de sublimação"[45]. Ele mantém que neste desvio da pulsão para outro alvo a libido sexual encontra na sublimação a satisfação em um objeto socialmente valorizado. Pulsão que compreende a pulsão de morte e a pulsão sexual, sempre mescladas. No entanto, ele pouco desenvolve em que este dualismo diz respeito à sublimação.

Freud supõe que se trata de deslocar a libido do objeto que satisfaz alguma necessidade material imediata a um objeto que não tem nenhuma vinculação aparente com esta necessidade. Por exemplo, na crítica literária a agressividade destrutiva se torna agressividade sublimada, na investigação científica sobre o corpo humano o voyeurismo é sublimado. Ele considera também que o traço de caráter anal adquirido com a regulação social, longe de se estabelecer no prolongamento de uma satisfação pulsional, necessita de um sistema antagonista de defesa contra a pulsão anal, fundamental à construção da sublimação de uma pulsão.

Jacques Lacan retoma a questão da sublimação na busca de sua face constante a partir dos pontos de incerteza e de enigma deixados por Freud. No seminário sobre os quatro conceitos fundamentais da psicanálise, retrabalha a concepção freudiana da sublimação inscrita no movimento pulsional. Ele reafirma que a sublimação mostra o trajeto da pulsão em direção a um objeto inalcançável. Em sua perspectiva, trata-se de um trajeto circular

---

[45] Freud, 1976g, p. 121.

de retorno à zona erógena por meio do qual a pulsão contorna sua superfície, de um ponto de partida até um ponto de chegada, dando a esta zona uma estrutura de borda devido ao movimento circundante da pulsão no giro em torno do objeto *a*.

No coração do seminário *A ética da psicanálise*, Lacan promove sua concepção da sublimação. Ele considera um equívoco pensar que a mudança de objeto é para um novo objeto ou no reencontro com o primeiro objeto que não há. Se de fato a sublimação mostra um objeto, é, em verdade, a presentificação de um buraco, de um vazio ocupado, não importa o objeto. Lacan recusa também, radicalmente, a noção de mudança de objeto na dessexualização.

> A sublimação não é, com efeito, o que a opinião corrente distorce ao achar que ela se exerce obrigatoriamente no sentido do sublime. Do mesmo modo, a noção de mudança de objeto não é algo que vocês devam considerar que faça desaparecer forçosamente o objeto sexual, bem longe disso. O objeto sexual ressaltado como tal pode vir à luz na sublimação. O jogo sexual mais cru pode ser objeto de uma poesia, sem que esta perca, no entanto, uma visada sublimatória[46].

A tese central de Lacan é a relação da sublimação com a pulsão de morte mais do que com a dessexualização, trazendo ao objeto sublime uma face letal, sempre anunciada em seu poder de fascínio.

Para Lacan, a sublimação criativa e a pulsão de morte são estritamente correlativas: a pulsão de morte desaloja o lugar sagrado, cria o vazio, o marco que se enche com o objeto sublime. Ele aponta também na sublimação o ponto vazio do objeto, necessário ao funcionamento da pulsão e o objeto *a* com o qual ele teoriza o objeto perdido freudiano.

O objeto inalcançável em torno do qual a pulsão gira, visando encontrar satisfação na zona erógena, o objeto sempre cercado sem nunca ser abocanhado, mantém a pulsão distante de seu alvo (*Ziel*). Mesmo sendo material, ele é destacável, fragmentável, substituível, deslocável, justifi-

---

[46] Lacan, 1986, p. 191 [Lacan, 1997, p. 198].

cando a formulação freudiana sobre a mudança da finalidade das pulsões. Com efeito, ele pode ser qualquer coisa, um nada.

Quando Lacan toma como ponto de partida não o que é considerado o objeto bruto tornado cultivado, mas justamente o contrário, ele parte do objeto como nada, encarnando o vazio, em referência à Coisa. Para designá-la, retoma o termo freudiano *das Ding*, a Coisa inaccessível: "[...] *das Ding*, o que chamo a Coisa, é um lugar decisivo, em torno do qual se deve articular a noção de sublimação"[47]. Assim, o movimento primordial da sublimação não se produz a partir das necessidades materiais, sexuais, concretas, até os interesses espirituais, mas como uma mudança da libido direcionada a um objeto que assume uma qualidade sublime, já que ocupa o lugar da Coisa.

O objeto não é propriamente *das Ding*, a Coisa, mas, como ele vem dar consistência à Coisa, tende-se a confundi-los. *Das Ding*, a Coisa, é algo que, literalmente, cria-se, cujo lugar está rodeado de uma rede de desvios, aproximações e intentos que nunca terminam de realizar-se. Trata-se de partir do objeto perdido para construir sua morada, a da Coisa inatingível, elevando-a a outra função, a do sublime.

Lacan define: a sublimação eleva um objeto à dignidade da Coisa[48]. *Das Ding*, a Coisa, é o real topologicamente descrito como um vacúolo. Ela permanece como o exterior absoluto, a noite dos tempos, por mais íntima que seja. Está no centro do vazio, mas como ex-cluída. É ponto de atração e de encantamento, por isso mesmo de uma incandescência insuportável, inaproximável. É tão íntima que estruturalmente é o mais exterior, o que mais escapa ao sujeito. A *extimidade*, a exterioridade íntima, como indica Lacan.

A *extimidade* íntima ou a inquietante estranheza é como se sentir pouco à vontade estando-se na própria casa. Nos termos freudianos, ela corresponde à experiência do *das Umheimlich*, o estranho familiar[49]. *Das Ding*, a Coisa, se refere fundamentalmente ao vazio, apreensível de uma maneira direta e estranha – vazio da exterioridade mais íntima que, uma

---

[47] Ibidem, p. 188 [Ibidem, p. 195].

[48] Ibidem, p. 140 [Ibidem, p. 141].

[49] Ver nota 5.

vez revelado, torna-se propriamente um lugar, um momento de verdade. Enfim, *das Ding*, a Coisa, é algo de constante, desconhecido – um tudo que não é, mas que permanece lá.

A visada sublimatória se dirige a esse ponto inonimável – o real, o vazio. Nesse lugar o gozo tem a particularidade de estar fora do simbólico, fora do significante – gozo não passível de captura fálica. Este gozo da sublimação é socialmente aceito, tal como ocorre na fascinação do amor cortês considerado por Lacan o paradigma da sublimação. Não é por acaso que a poesia trovadoresca é a própria vivência deste amor. O objeto feminino, que no caso é a Dama, tem para o amado o valor de representação da Coisa. A Dama inalcançável tem consistência de vazio, de vacuidade. Ela é intocável, até mesmo interditada, mas justamente por ela encarnar o vazio é cantada em prosa e verso. O ritual para se chegar até ela impede o encontro sexual, o qual muitas vezes só se dá no instante de sua morte.

Na sublimação ocorre um reencontrar. "Reencontrar no máximo com saudade"[50], diz Lacan. É importante contornar o buraco que sempre habita as cercanias da arte, fazendo esse contorno acontecer de novo, recomeçar outra vez, embora isso não tenha de fato nunca ocorrido uma primeira vez. Busca-se aquilo que nunca teve começo.

Graças à sublimação que se inaugura nessa falta e é trabalhado com ele, o artista dá visibilidade ao objeto da fantasia. É nesse processo que ele se empenha[51]. Bordeja o vazio ou o vacúolo que ocupa um lugar central.

Apoiado em Martin Heidegger, Lacan ressalta: o oleiro não inventa o vazio, mas, na medida em que cria o vaso, dá forma ao vazio a partir do vazio. Por este caminho, ele chega ao vaso como significante que dá forma ao nada, ao vazio onde reencontro sua ideia prevalente do significante criado *ex-nihilo*, *do nada*, em uma estrutura de oposição representada pelo

---

[50] Lacan, 1986, p. 65 [Lacan, 1997, p. 50].

[51] Stavrakakis, 2007, p. 182. Para Yannis Stavrakakis, a sublimação é mais importante na criação de um espaço público, e é bem ilustrada pela apreciação da arte na civilização: a arte é a sublimação por excelência.

pleno e o vazio[52]. No sentido heideggeriano, portanto, o vaso é construído desde o vazio e é o vazio que há nele.

Articular a sublimação ao sublime não quer dizer beleza e harmonia. O escatológico e o feio, por exemplo, podem estar também na ordem do sublime. A sublimação requer assim um ato. Aqui reside a possibilidade do ato criativo mediante o qual o artista oferece o prazer pelo esteticamente escabroso para que se abrace aquilo que, de outra maneira, resultaria repelente.

Ao desvelar o enigma da criação mostro que a própria produção sintomática é criação, em vez da fantasia inspiradora da obra que está por detrás do autor. Substituo a sublimação de Freud pelo *sinthoma* de Lacan; substituição que culmina na interpretação da criação literária de James Joyce, em que uma voz ecoa um delírio enquanto a outra escreve uma resposta ao *sinthoma*: a expressão repetitiva da busca do gozo que não está integrado no universo simbólico do sujeito. Isso passa pela transformação dos dejetos em sublime, tão presentes na manifestação contemporânea do cinema e de outras artes, o que constitui o ponto nuclear da análise da escritura fílmica escatológica que desenvolvo neste livro.

---

[52] Conferir Lacan, no livro *L'Éthique de la psychanalyse*, 1986, p. 146 [Ed. port.: *A ética da psicanálise*, 1997].

PRIMEIRA PARTE

A ESCRITA FÍLMICA ESCATOLÓGICA

Primeiro capítulo

O cinema escatológico como olhar

Articulo a dinâmica libidinal do cinema à fantasia que o desejo sustenta ao colocar em cena da mesma maneira que se realiza o movimento estranho chamado pela psicanálise de pulsão. Esse movimento não está dirigido à busca impossível do objeto perdido, pois é um impulso para pôr diretamente em ato a própria perda, a brecha, o corte, à distância. Longe de se tratar de um debate acadêmico abstrato, essa noção aporta consequências para o estudo da arte neste livro. Elas são perseguidas nos rastros das fontes originais da pulsão escópica: os excrementos. Aqui se discute o cinema e a pintura. Os exemplos não faltam e entre os mais significativos encontram-se esses, que vou agora analisar.

Um cão andaluz [*Un chien andalou*], de Luis Buñuel e Salvador Dalí
Quem quer ser um milionário? [*Slumdog millionaire*], de Danny Boyle
A partida [*Okuribito*], de Yojiro Takita
Pink flamingos, de John Waters
Tokyo! [*Tokyo*!], episódio *Merda* [*Merde*], de Leos Carax
Stalker [*Russian Cramkep*], de Andrei Tarkovski
Núpcias de lama [*Vase de noces*], de Thierry Zeno
Superoutro, de Edgar Navarro
Zero em conduta [*Zéro de conduite*], de Jean Vigo
A comilança [*La grande bouffe*], de Marco Ferreri
Os quadros da merda nua [*Naked shit pictures*], de Gilbert & George

Dejetos surrealistas
Um cão andaluz

Tomo como matriz básica da escrita escatológica *Um cão andaluz* [*Un chien andalou*], filme que Luis Buñuel realizou nos anos 20 em colaboração com Salvador Dalí, personagem chave da vanguarda artística da época. Ele é escrito em um puro delírio surrealista.

Com um mecanismo análogo ao sonho que aponta o contexto histórico do qual emergem tanto o cinema quanto a psicanálise, o filme é o resultado da montagem de fragmentos, dejetos e restos diurnos. É marcado pelo salto que Buñuel e Dalí não tencionaram suturar, um ato de fé no olhar do espectador para que ele construísse seu próprio filme, em paralelo com o que assiste. Uma montagem sem transição a partir da livre associação de imagens e das mais heterogêneas ideias, no fluxo de "imagens oníricas" e "imagens delirantes", as quais eles tiveram de selecionar, guardar, destruir, excluir, circunscrever. Trata-se da metonímia no coração dos filmes surrealistas.

A associação construída pelos diretores na sequência onírica delirante com o olho da mulher cortado em dois por uma lâmina de navalha, com o enxame de formigas saindo por um furo na mão de um homem jogada na rua, com a carcaça de burro sobre um piano coberto por suas patas, cauda, ancas e pelos excrementos é assim impregnada da pluralidade dos objetos causas do desejo, o olhar, a voz, as fezes, o seio[53].

Essa é uma sequência paradigmática que inclui o equivalente simbólico do excremento, o cadáver. "Eu sempre senti no ato sexual certa similitude com a morte. Tentei até traduzir esse sentimento inexplicável em imagens, em *Un chien andalou*, quando o homem acaricia os seios nus da mulher, e de repente seu rosto se transforma no de um cadáver"[54], explica Buñuel. O impulso surreal que pode ser considerado como a estrutura latente do todo de sua obra está, portanto, intimamente ligado com o automatismo próprio da "escrita automática": escrita dos textos automáticos

---

[53] Conferir o roteiro de *Um cão andaluz* [*Un chien andalou*] no livro *Luis Buñuel*, de Ado Kirou, 1966, p. 125-129.

[54] Buñuel, 1900, p. 23.

por meio de imagens assim que provêm do inconsciente e que são reveladas no simbólico.

Na época Buñuel e Dalí buscavam, pela exibição da violência e do sadismo, do desejo e da morte nos personagens deformados, provocar reações de repulsa e de fascinação. Isso consistia em uma apresentação, no sentido freudiano da *Dasterllung*[55], da eficácia de uma ausência. Era plenamente justificado porque os surrealistas praticavam o atravessamento da fantasia que fosse liberadora da força inconsciente recalcada, da potência irracional do sujeito.

Hoje em dia, com a violência e o escatológico sendo já banalidades, a representação, distinta da apresentação, faz deles a outra cara de uma civilização que promove cada vez mais frequentemente o corpo que sofre como espetáculo de entretenimento. Para isso, o sentimento de prazer ou o desprazer que é produzido no espectador está ligado a uma representação que, à maneira tradicional do cinema dito clássico hollywoodiano, não prioriza a eficácia simbólica da ficção, limitando-se a utilizá-la para manipular o olhar com cenas repugnantes e incentivar o uso global da sua indústria sincronizada com as dores da existência. É o caso de *Quem quer ser um milionário?* [*Slumdog millionaire*], do britânico Danny Boyle.

Dejetos repelentes
Quem quer ser um milionário?

Vencedor do Oscar 2009 de melhor filme e rodado em um arrabalde pobre na Índia, antiga colônia da Grã-Bretanha, *Quem quer ser um milionário?* tem como protagonista um jovem de uma favela que quer tornar-se milionário e é inspirado no romance de Vikas Swarup, *Sua resposta vale*

---

[55] Althusser, 1970, p. 299. Utilizo a oposição de Louis Althusser, em seu artigo "A imensa revolução teórica de Marx", entre *Darstellung*, que significa apresentação, e *Vorstellung*, que significa representação: "Na *Vorstellung*, tem-se inteiramente uma posição, mas que se apresenta pela *frente*, o que supõe, portanto, qualquer coisa colocando-se *por detrás* desta pré-posição, qualquer coisa que é *representada* pelo que está à frente, pelo seu emissário: *Vorstellung*. Na *Darstellung*, pelo contrário, *não há nada por detrás*: a própria coisa está ali, "*da*, oferecida na posição de presença. [...] *Darstellung* é o conceito da presença da estrutura nos seus efeitos, [...] ou, pelo contrário, a *Darstellung* é o conceito da eficácia de uma ausência."

um bilhão de dólares, que faz sátira à sociedade de castas influenciada pela cultura da imagem descartável.

Ainda que sua estrutura seja a de um espetáculo televisivo popular, ele não atraiu muito público no próprio país em que foi rodado, onde o título nacional foi traduzido por *O cão das favelas* [*Slumdog Crorepati*]. Segundo comunicados da imprensa, ele sequer agradou aos mais pobres do país.

O cineasta K. Hariharan, em um artigo intitulado "O orientalismo para um mercado globalizado", publicado no jornal *The Hindu*, tem um modo próprio de pensar caracterizável como representativo da Índia onde não haja apenas a miséria mostrada em *Quem quer ser um milionário?*. "Este filme devia ser considerado um dos maiores mitos gratuitos imaginados sobre a Índia no século 21". O cineasta protesta, argumentando que, "[...] para a maioria dos espectadores ocidentais, devastados pelo peso da crise econômica mundial, esse conto de fadas sobre o lado mais sórdido da Índia deve servir de catarse orgiástica"[56].

Essa exibição da miséria por Boyle também foi desaprovada por Amitabh Bachchan, um dos ícones de Bollywood, a Hollywood da cidade indiana de Bombaim, hoje Mumbai, de sucesso entre as massas. Para ele, "[...] é o rosto sombrio de uma Índia que brilha, mostra só a miséria, a violência, a Máfia, as drogas e a corrupção"[57].

Com os elementos autênticos da maior favela da Ásia, Dharavi em Mumbai, seu caos, sua miséria como cenário híbrido da Índia contemporânea onde o arcaísmo coexiste com a tecnologia mais avançada, o filme reúne restos humanos, esgotos a céu aberto, dejeções de dejetos, restos do vivente misturados com outros elementos da realidade.

Se considerarmos que só a realidade pode ser tangível, e isso através de uma representação que tenha as mesmas características, a realidade que Boyle torna presente não é discernível da ficção.

Nesse documento, a Índia continua a ser um sumidouro que engole os menores das favelas. E particularmente Jamal Malik, que consegue o autógrafo do ator Amitabh Bachchan somente porque fede: ele foi regur-

---

[56] Disponível em: www.http//.1.folha.vol.com.br, vet 90 507.192. shtml. Acesso em: 23 fev. 2009.

[57] Disponível em: www.http//.1.folha.vol.com.br, 276594. shtml. Acesso em: 23 fev. 2009.

gitado da merda de uma fossa sanitária e saiu em disparada para seguir seu ídolo, afastando a multidão de fãs.

O morador da favela é aí evacuado como quando Mark Renton [Ewan Mcgregor], drogado, na famosa cena do inventivo e revolucionário *Sem limites* [*Trainspotting*], mergulha no vaso sanitário de um banheiro imundo reduzido literalmente a um excremento. Enquanto tal, ele representa o toxicômano no que, inclusive, muitos consideram uma das imagens mais surrealistas do cinema.

Nos dois filmes de Boyle, o excrementício literalmente figurado não se apresenta na ausência do objeto, pois, ao contrário, é o signo de sua plenitude ilusória. Ele corresponde a uma das formas, entre outras, de figuração do objeto destruído ou da dejeção, tratadas por Pierre Baudry em seu artigo *Figuratif, matériel, excrémentiel*: ou torna-o sujo, asqueroso ou é a metáfora da hiância produzida entre o figurante e o figurado.

Dejetos embelezados
A partida

Uma linha da escrita fílmica escatológica permite combinar os significantes e as figuras com o dejeto. Assim, Yojiro Takita, em *A partida* [*Okuribito*] – ganhador do Oscar 2009 de melhor filme estrangeiro –, instaura o olhar que sobrevém do Outro – o lugar de onde sou olhado olhando. Ele está centrado na figura de Daigo Kobayashi [Masahiro Motoki]: um ex-violoncelista, que possuía um trabalho socialmente valorizado – tocar em uma grande orquestra em Tóquio – de repente perdido, torna-se um *nokanshi*, uma espécie de coveiro especialista em lavar e vestir cadáveres, preparando-os para o enterro. Incumbe à condição paterna representada por seu patrão e mestre, Ikuei Sasaki, autorizar o ofício.

Dessa maneira, diante da morte das tradições mais antigas da cultura japonesa, Takita preserva os ritos funerários japoneses e símbolos. Ele parte da ideia de presença e de ausência como vida e morte. Chega, por um lado, ao corpo-dejeto, defunto, pura carne, lado animal do humano e, por outro lado, ao corpo que pode ser digno de se olhar mesmo sem vida, desvelando certo quê sadiano da beleza da morte em face ao nada. É o resto mesmo.

O corpo morto a quem os familiares vivos dirigem a palavra, pois eles são paradoxalmente mais sensíveis ao cadáver que ao ser vivo.

O diretor começa contando como Daigo, que havia deixado Tóquio, regressa à sua cidade natal na província rural do norte do Japão, Yamagata, junto com sua esposa Ryoko Hirosue [Mika Kobayashi], e começa a trabalhar em uma agência funerária. Consegue rapidamente o salário do qual estava necessitando, mas, em lugar de seu trabalho fascinante de músico, a nova ocupação é vergonhosa, desprezível, asquerosa, nauseante e implica em tocar e manipular o corpo enrijecido.

O corpo defunto inicialmente representado como carne asquerosa, inclusive comparada com a carne animal que o homem utiliza na sua alimentação, é a maneira de provocar a recusa de Daigo na cena em que seu mestre lhe oferece, à mesa, esperma de baiacu grelhado com sal.

Em seguida se dá uma reviravolta, e o corpo do defunto passa a adquirir literalmente brilho. Isso depois que Daigo o lavou, vestiu, maquilou, embelezou e colocou em sua urna, dispondo-o para sua partida, durante a cerimônia funerária de purificação e de limpeza, chamada no Japão de *nokan*, realizada na presença dos parentes e dos amigos do defunto.

Trata-se de um drama ao qual não falta o sentido do humor sobre certo tabu bastante difundido no Japão: tabu segundo o qual se alguém tocar o defunto leva os outros a considerá-lo impuro. Não é propriamente um filme sobre a morte, mas sobre o corpo tratado com sensibilidade e sem exageros.

Além desse registro simbólico do dejeto há a lenda da pedra. O cineasta a toma como objeto primeiro da comunicação anterior à escrita, pela qual ele trata da questão da transmissão de pai para filho de uma sensibilidade por reencontrar nela a lembrança de seu estranho desaparecimento.

O filme é, porém, empobrecido pela transmissão da crença do diretor no realismo e no pragmatismo utilitário das ações, ou seja, que aí se mostra o real no sentido da realidade objetiva e não o real da fantasia – desvelada em poucas cenas, particularmente quando o protagonista sente náuseas diante da galinha crua que sua mulher prepara e abraça seu corpo para sentir sua pele. Ele sente, enfim, desejo. A partir daí, não pode mais evitar uma espécie de necrofilia por seu objeto mais próximo, no real.

Neste instante do filme se produz certo deslizamento à fantasia, que é do que trata o cinema[58]. Sobre a própria morte, a imortal frase de Hamlet – *o resto é silêncio* – não disse o que pode se dizer de mais verdadeiro ainda: nem todo silêncio é resto.

Asqueroso bizarro
Pink flamingos

Se olharmos a escrita escatológica por autores da transgressão cinematográfica desde outras perspectivas, o gozo estético que a arte provoca aparece materializado de forma absolutamente singular, para que, graças ao extremismo de tantas exceções, novas regras sejam estabelecidas. Assim, a proposta é extrair aquilo que a economia ou a dinâmica libidinal do sujeito tem de mais perturbador, imprimindo uma voz autoral no funcionamento da diversão, da desfiguração, da anomalia, apesar da bizarrice extraordinária da obra[59].

Dentro dessa proposta estética, John Waters, que lançou filmes sexualmente explícitos sobre a temática escatológica, muitos deles anárquicos

---

[58] O Necrorrealismo [*Necrorealist Cinéma*], que foi criado como um movimento radical na cena artística de Leningrado, reuniu um grupo de artistas do *underground*, entre eles Yevgeniy Yufit, Igor Bezrukov, Yevgeniy Kondratiev e Mitenev Constantine. No manifesto de Yufit, o prefixo "necro" lembra que a transgressão do tabu do comunismo soviético sobre a morte durante o período da Perestroica era o objeto principal da investigação cínica do grupo. Com um senso de humor negro e do absurdo, o que não era absolutamente característico da consciência soviética, os primeiros Necrofilmes exprimem a fascinação com diversas formas de decadência e de morte, desde a língua da ideologia oficial à expiração do corpo individual. Disponível em: http://www.rusfilm.pitt.edu/booklets/Necro.pdf. Acesso em: 4 jul. 2012.

[59] O escatológico tem um papel no clichê da clássica comédia americana. Por exemplo, *Totalmente apaixonados* [*Trust the man*], de Bart Freundlich, que se passa em Nova York, é construída do começo ao final com uma sucessão de flatulências, excrementos, vômitos, espirros, engasgos, cuspidas, simulações de sexo anal etc.: na abertura, o filho do casal Rebecca Pollock [Julianne Moore] e Tom [David Duchoyny] não consegue evacuar e o pai aconselha, da mesa do café da manhã, arrotar em vez de defecar, pois o efeito seria tão eficiente quanto; Tobey [Billy Crudup] despede-se de sua namorada de sete anos Elaine [Maggie Gyllenhaal] com um peido sonoro. Outro exemplo é *A ressaca* [*Hot Tub Time Machine*], de Steve Pink, sobre um grupo de amigos [Craig Robinson, Clark Duke e John Cusak] que decide voltar aos anos 80, com momentos engraçados e outros bizarros, evocando associações anais e vômitos de uma forma repelente. Dessa maneira, configura-se o que chamo humor escatológico.

na voluptuosa proporção do Divine travesti, é quem melhor simboliza o cinema *underground*[60].

Ultrajante, nojento e outros atributos não menos nobres foram utilizados para descrever *Pink flamingos*, de 1972.

É um filme de Waters que fez do mau gosto estético a bandeira de um irreverente "glamour" esterqueiro no tempo em que se aferrou com o grotesco. Antes de tudo, divertia-se em ironizar os tabus, em saudar a perversão como uma liberação e a realização do eu. Com seu humor ácido recheado dos excessos de situações bizarras, ele personifica a ironia com Divine, um opulento que pesa algo em torno de 150 quilos e disputa com um casal de vizinhos insanos o título de pessoa mais imunda neste mundo sujo.

Nele, Waters reúne a escatologia com a provocação a respeito da mãe. Mama Edie, interpretada por Edith Massey, é uma insaciável e bizarra devoradora de ovo, enquanto o filho, Crackers [Danny Mills], Cotton [Mary Vivian Pearce], sua companheira de viagem, e o casal que sequestra crianças para vendê-las a casais de lésbicas compõem o bestiário familiar, sempre no tom jocoso do "Cronista da escatologia"[61], segundo diz o crítico de cinema Rodrigo Fonseca.

Não foi à toa que, nas sessões de estreia de *Pink flamingos*, sacos de vômito eram oferecidos aos espectadores. Os personagens exagerados formam uma galeria de loucos asquerosos que suscitam a indignação moral. Há um punhado de desvarios, desde o incesto ao estupro com uma seringa e ao canibalismo, do assassinato à zoofilia e à coprofagia, momento estelar em que Divine engole cocô de um poodle; e um ânus cantante, que se abre e se fecha ao som de *Surfin' bird.*

Horror abjeto
Merda

Quando o cinema entra no domínio da monstruosidade escatológica, não é de espantar que termine compondo estranhas figuras fantasma-

---

[60] Conferir Freixas e Bassa, no livro *Cine, erotismo y espectáculo*, 2005, p. 175.

[61] Conferir Fonseca, no artigo *Um John Waters em voluptuosas proporções*, 2001, /s.p./.

góricas e abjetas. A monstruosidade surge da falta de algo que constitua um limite. Uma falta que remete à mutação contemporânea da carência de operação simbólica, um retrocesso da lei que constitui um corte, nos dias de hoje ou de sempre.

Mais recentemente, por exemplo, o filme *Tókio!* [*Tokyo!*], ambientado em Tóquio, reúne episódios de diferentes diretores, entre eles Leos Carax, que dirige *Merda* [*Merde*]. Ele explora a sensação de terror com o senhor Merda [Denis Lavant], que se torna um dos papéis representados pelo personagem principal chamado senhor Oscar também vivido por Denis Lavant, em seu longa-metragem *Holy Motors*: uma figura fantasmagórica, bestial e abjeta que mora no esgoto; quando ele sai pelas ruas de vez em quando para barbarizar a cidade, as piores coisas podem acontecer.

A cidade é invadida pela violência e pelo terror com tal monstro nojento à solta. Ele ataca a população até o dia em que é preso e julgado. *Merda* traduz então momentos que vivenciamos no cotidiano, mais violentos e sinistros do que o pior filme de horror. Talvez seja uma associação com o imaginário dos monstros japoneses como Godzilla.

Há aqui, como elemento central, *das Ding*, a Coisa: vazio central que Jacques Lacan[62], em seu seminário sobre a ética da psicanálise, afirma que é a estrutura da arte. Mas isso pode ter também a versão da Coisa monstruosa, parceiro absolutamente desumano.

Dejetos assombrosos
Stalker

Em *Stalker*, de Andrei Tarkovski, a Zona misteriosa é caracterizada como *das Ding*, a Coisa, o vazio que sustenta o desejo. Desse vazio, que é o centro inicial, ele tece o filme na disposição dos três personagens principais [Anatoli Solonitsin, Nikolai Grimko e Alexander Kaidanovski].

O filme, considerado uma obra-prima no campo da ficção científica, é vagamente baseado no romance *Roadside Picnic*, por Arkady e Boris

---

62 Conferir Lacan no seminário *L'Éthique de la psychanalyse*, 1986, p. 260-261 [Ed. port.: *A ética da psicanálise*, 1997].

Strugatsky, do qual Tarkovski mantém as duas palavras Stalker e Zona e a metáfora que compara o lixo de um piquenique, no qual se derramou óleo do motor, flores desbotadas, caixa de fósforos, balões, papel de bala etc., ao lixo deixado por extraterrestres. As locações são fábricas desativadas, cemitérios de tanques de guerra, os mais diversos dejetos em meio ao fosso no centro de um mundo pós-apocalíptico no qual a fabulação tem um papel tão realçado quanto reprimido.

Após a suposta queda de meteoritos, uma região do planeta Terra adquire propriedades estranhas e é chamada de Zona – em cujo centro, diz a lenda, estaria situado o Quarto. Esse seria um lugar onde ocorre o impossível. O desejo mais íntimo daqueles que ali penetram é realizado, desde que eles estejam seguros de quais são seus verdadeiros desejos.

Temendo que a população invadisse a Zona à procura do Quarto, o exército a isola, mas seus próprios guardas armados não têm coragem de entrar nela. Apenas alguns poucos, chamados Stalkers, têm uma habilidade suficiente para entrar e sobreviver lá dentro. Um dia, um escritor famoso e um físico contratam um Stalker para os guiarem no Quarto. Eles partem para uma jornada na Zona proibida, inacessível, perigosa, ousando se aventurar nesta região assombrosa, um lamaçal onde borbulham estranhos objetos fantasmáticos.

Tudo é orgânico em *Stalker*, incluindo a água, a terra, o vento, o fogo. Embora ela passe por entre os dedos, os planos tarkovskianos da água refletem a densidade não só do tempo que materializam, mas também do estranhamento – e não é só a imagem da água, do lago, da poça, da chuva, da goteira, mas também o som em suas diversas modalidades, aqui um barulho de cachoeira, lá um gotejar.

Quando os heróis entram no Quarto se dão conta de que este nada tem de extraordinário, mas, para que não se perca a ilusão, o Stalker lhes pede que não contem aos que vivem fora da Zona. Desvela-se que sua propriedade é somente aquela de ser proibida, e seus objetos estranhos, que tanto fascinam, são simples dejetos. É, portanto, uma viagem de desmitificação através da qual aqueles dejetos assombrosos para os humanos nada mais são que lixo para os alienígenas.

Núpcias coprofágicas
Núpcias de lama

Escatológica também é a escrita em *Núpcias de lama* [*Vase des noces*], de Thierry Zeno, na vertente da dimensão mortal do gozo. É um filme feito unicamente em imagens sucessivas acompanhadas de música erudita. Não é uma estória. Tem uma situação dada e o olhar é direcionado pelas imagens que mostram a bestialidade no humano, associada à zoofilia, ao fetichismo e à coprofagia.

Unicamente pela interação da imagem precedente vindo se ligar à seguinte por um encadeamento da ação, as sequências dos planos referem-se às representações da paixão do agricultor [Dominique Garny] por uma porca: elas o acompanham praticando sexo anal, e depois, quando a porca tem filhotes, o filme sugerindo que eles são híbridos, o agricultor enforca-os; a porca aparentemente suicida-se afogada em um poço de lama e sua morte faz com que toda a situação resulte ainda mais insuportável.

Ao perder a porca, o desejo do agricultor se distorce em um impulso patológico para a morte, na violência contra si mesmo; em um primeiro momento, ele tenta enterrar-se junto com a porca e depois, nos dez minutos finais do filme, seu estado mórbido o impele a comer ininterruptamente o estrume dos animais da fétida fazenda, incorporando-se como excremento.

Dessa forma, as imagens coprofágicas do agricultor degustando a merda até a morte, confirmadas pelo suicídio por enforcamento ao final do filme, proferem a exigência da voz silenciosa do supereu: goza! Deixa-te arrastar por tuas fantasias. Ainda e ainda mais.

Merda a olhar
Superoutro

Entre os cineastas brasileiros contemporâneos, Edgar Navarro reúne conteúdos psicossociais e escatológicos cujo universo, exemplificado por sua obra polêmica *Superout*ro, está formado por uma dupla loucura.

Loucura, segundo Navarro, focalizada em um esquizofrênico louco da rua [Bertrand Duarte], para torná-lo testemunho da impostura a propósito da insanidade que, graças ao seu delírio, acompanha a dissolução psicótica de seus vínculos sociais.

A loucura é focada como elemento de denúncia de seus componentes, de sua gênese, a partir de um sistema moral e social que a engendra, que mostra como o louco é lançado em uma sociedade violenta. Ao fugir do manicômio para pacientes doentes mentais onde é internado pela polícia, ele continua vagabundeando pela cidade de Salvador da Bahia. Em torno dos restaurantes e das praias do Porto da Barra, cria situações imprevistas, excedendo os limites convencionais, desorganizando até o apocalipse os mais solenes e os mais agenciados ritos. Em parte porque exerce seu ideal libertário *nadificado* pelo sistema público de saúde mental e pela mais complexa instituição socioeconômica geradora de miséria. Igualmente porque escapa aparentemente de uma lógica, sendo regido por seus impulsos. Por isso, na linguagem de Jacques Lacan em "De uma questão preliminar a todo tratamento possível da psicose", trata-se da psicose: um encontro direto com o real e a capacidade de simbolizar, para o psicótico, desintegra-se.

Loucura também feita da audácia e da invenção, aquela do cineasta que não se recusa a nenhuma fantasia, saciada com a mente perturbada de seu protagonista. É o que dá lugar ao momento mais escatológico do filme de Navarro: um close do ânus do louco nauseabundo defecando, que o notabilizou e pelo qual ele tenta condensar a nua e abjeta existência humana.

Na obra interpretada, o elo entre o cinema e a psicanálise é, portanto, a circulação repetitiva ao redor do objetivo, que define uma pulsão. Ela pode ser detectada quando o herói cinematográfico fica "louco". Sua loucura marca a explosão do núcleo de um ser humano constituído do indiscernível entre puro desejo e imersão no abismo do gozo primordial.

Latrina da infância
Zero em conduta

Na vertente psicossocial, a rebeldia da infância é expressa com uma representação poética em *Zero em conduta* [*Zéro de conduite*], de Jean Vigo.

É um filme de 1933, sobre a infância, permeado por uma sexualidade proibida. Com uma construção que escapa às regras da dramaturgia clássica, foi realizado antes que os demais diretores do movimento de vanguarda do cinema francês dos anos 50/60, a badalada *nouvelle vague*, iniciassem suas carreiras. Isso mostra a relação de Vigo mais especialmente com François Truffaut, que em 1959 dirige *Les 400 coups*.

O crítico de cinema Jean-Patrick Lebel vê em *Zero em conduta* um aspecto panfletário, uma sátira da "infância das latrinas"[63]. Ele mergulha no contexto familiar escatológico da complacência que estima ser o produto da sociedade. Através do olhar dos adultos, mostra sua má consciência latente, sua sensação de pecado e de alienação sufocante que estagna em uma atmosfera de horror moral, de monstruosidade, de perturbação generalizada.

O anal e o oral
A comilança

Não menos provocador e agitador da moral é o filme de Marco Ferreri, *A comilança* [*La grande bouffe*]. Sob uma forma alegórica, ele coloca em evidência o sentido profundo de um ato suicida contra a sociedade que, determinada pela falta de esperança ou pela desilusão do futuro, destrói-se pela consumação bulímica do prazer.

Entre as inúmeras críticas suscitadas quanto aos motivos do escândalo devido a sua apologia da transgressão, Claude-Marie Trémois reconhece precisamente o ateísmo do filme. "Se o sacrilégio existe, eu creio que há um: o que se blasfema aqui é o homem, a divisão fraterna do pão e a própria noção de festa. O que se sacraliza, é o excremento"[64], ela especifica. É assim que o cineasta coloca em cena quatro amigos, Marcello, Ugo, Philippe e Michel, que têm o mesmo nome dos atores que os interpretam, Marcello Mastroianni, Ugo Tognazzi, Philippe Noiret e Michel Piccoli: um piloto de avião, um chefe de cozinha, um juiz e um produtor de televi-

---

[63] Lebel, *apud* Aumont e Marie, 2004, p. 21.

[64] Trémois, 2006, p. 7.

são. São quatro burgueses que se reúnem em um final de semana orgiástico para morrer empanturrando-se de comida.

Durante esse final de semana, com nada mais nada menos que dois atos comuns e sofisticados no espaço cultural, o da comida e o do sexo, Ferreri mistura o ato de comer com o ato de defecar por meio da utilização da flatulência e do banho de excrementos em meio ao consumo de iguarias de primeira (produtos especialmente preparados para o filme pela Maison Fauchon) como testículos de boi, cabeça de cabrito e outras carnes menos nobres[65].

Os protagonistas levam ao extremo as duas facetas do homem, que, regido pela lei simbólica, reveste com o sentido e a linguagem aquilo que os animais fazem pela mera esfera do instintual. Eles o fazem tentando uma aproximação sutil e perigosa que toca a quebra desses limites sempre instáveis na passagem da "natureza" à "cultura", mostrando como este interstício fica definitivamente reservado ao espaço da morte. Umbral que levaria o sujeito a buscar o prazer no desprazer, aquilo que é chamado, depois de Sigmund Freud, "Mais além do princípio do prazer": um prazer que só se obtém provocando dores e sofrimento. Mais tarde, Jacques Lacan chamará este além do princípio de prazer de gozo, que implica, precisamente, a aceitação da morte.

Para Ferreri[66], os quatro amigos são um só personagem. Todos se mantêm, na maioria das vezes, inconscientes e perseguem seu objetivo último em silêncio, sem tocar no assunto, deixando aberta a possibilidade de que se redimem de alguma culpa graças a um suicídio coletivo.

Impulsionados pelo gozo além do prazer, os protagonistas seguem a regra de empanturrar-se até morrer em uma sequência de abarrotamento de comida no decorrer da qual não é possível apreciar nada, apenas es-

---

[65] Žižek, 2010, p. 25-26. Slavoj Žižek cita *O fantasma da liberdade* [*Le fantôme de la liberté*]. No filme, Luis Buñuel inverte a relação entre comer e evacuar para elevar o ato de se alimentar, que produz merda, ao nível de um cerimonial social sublime: as pessoas se sentam em suas privadas em volta de uma mesa, conversando agradavelmente, e quando elas querem comer perguntam baixinho à empregada "onde se encontra aquele lugar, você sabe?" e se dirigem sorrateiramente para um quartinho nos fundos.

[66] Ferreri, 2004, p. 92.

perar pela próxima rodada. Definham-se nas garras da pulsão de morte, voltando-a contra a própria carne em um espasmo de gozo obsceno: seja a morte de Michel caindo sentado na poça de sua própria diarreia, depois de uma sessão de flatulência, ou a morte sublime do diabético Philippe que morre nos braços de sua amada, a professorinha Andréa [Andréa Ferréol], ao ter uma ereção causada pelo excesso de prazer que ela lhe tinha dado ao lhe oferecer um bolo açucarado de gelatina rosa em forma de seio por ela mesma preparado. Entre outras cenas antológicas, relacionadas com o sexo: a impotência de Marcello, o sedutor, a homossexualidade insinuada de Michel, além da figura complexa de Andréa, a mãe e a puta.

O corpo significa então o palco do conflito da pulsão de morte. Uma oposição à tendência da vida até o Nirvana: a pulsão de morte freudiana como mais além do princípio do prazer, que corresponde à tendência de um organismo vivo a manter-se em um estado de tensão para evitar o estado do prazer no relaxamento final ao obter o estado completo da homeostase, enquanto a orgia significa a morte de um sujeito dentro de uma sociedade que prega o consumo do objeto na satisfação de seu desejo causado pelo arcaico apetite de destruição devoradora da pulsão oral; apetite relacionado aos objetos parciais do corpo de Lacan: o objeto da sucção (seio), o objeto da excreção (fezes), o olhar e a voz[67].

O crítico e teórico de cinema Pascal Bonitzer segue nessa direção em sua interpretação de *A comilança* publicada nos *Cahiers du cinema.* Ele considera o filme como uma aventura dos objetos *a*, com a morte do sujeito sancionando a queda fora da cadeia significante. Detém-se na cena dos seios de gelatina que Andréa, a mãe mortífera, oferece na última refeição a Philippe. Aqueles que ele come contemplando uma fotografia em um medalhão que representa sua ama de leite amamentando-o ainda bebê. "O

[67] Žižek, 1999, p. 12-13. Slavoj Žižek identifica pelo olhar como o sujeito relaciona-se com a merda desagradável que provém do interior de seu corpo nas três atitudes existenciais distintas: a fascinação ambígua e contemplativa, nas latrinas alemãs tradicionais onde a merda fica exposta para que se possa cheirá-la e examiná-la; a tentativa apressada para livrar-se da merda o quanto antes possível, nas latrinas francesas típicas onde a merda desaparece assim que possível; a visão pragmática do excesso excrementício como objeto que deve ser repelido, nas latrinas anglo-saxônicas cheias de água, onde a merda flutua visível, mas não para ser inspecionada.

objeto *a* presentificado no prato é mais do que claro [para alguém que leu algumas linhas de Lacan, o discurso freudiano clássico pode evidentemente também aí encontrar sua suposição]. [...] Noiret morre depois de ter engolido *um* seio [*o* seio]"[68], conclui ele.

Exibicionismo anal
Os quadros da merda nua

Nas artes plásticas, o erotismo anal é transformado em exibicionismo quando a dupla Gilbert & George, artistas plásticos performáticos de vanguarda, realiza, em 1995, uma exposição, *Naked shit pictures* [*Os quadros da merda nua*], em Londres, na galeria de arte South London[69]. Eles se exibem nus no próprio plano do quadro, às vezes como observadores na posição ativa, às vezes como observados na posição passiva. Nessas representações histriônicas, embora normalmente os seus rostos encarem o espectador de frente, *Cu* [*Berm Holes*] é a única obra da série na qual esse é confrontado por vistas dorsais dos dois homens despidos. Assim os artistas dirigem o olhar de onde se deve olhar o quadro pelo prazer de ser olhados.

A exposição reúne telas bizarras que buscam ilustrar imagens homossexuais eróticas, anais e defecatórias na exibição do corpo-dejeto. É uma síntese da figuração narrativa com conotações fálicas bastante óbvias, ritmos abstratos e enfáticos, cores.

O crítico de arte David Sylvester, no livro *Sobre arte moderna*, destaca que na maioria dos quadros expostos à merda, o adjetivo do título da série, pode ser interpretada como uma higienização do tema, dado que está representada em unidades compactas, muito grandes, parecendo rochas, sem odor ofensivo e sem deixar sujeiras nojentas. A merda serve assim para aproximar o espectador da ideia de que o sujeito nunca está tão longe de ser senhor de seu destino que quando ele defeca. Os movimentos de suas entranhas, tanto excessivos como insuficientes, são os sintomas dos quais o mais evidente é que ele está tomado por algum tipo de vergonha ao ex-

---

68 Bonitzer, 1973, p. 33-36.

69 Devo essa referência à Dra. Claudia Loureiro, arquiteta, por ela ter me chamado a atenção para a exposição *Naked shit pictures*, de Gilbert & Georges, em Londres.

ternar sua intimidade mais profunda. Por isso mesmo, em nossa mente, o excremento está associado à nossa vulnerabilidade.

Mas, mais radicalmente, como destaca Paul-Laurent Assoun, em suas *Lições psicanalíticas sobre o masoquismo*, sobre os registros da oralização (totêmica), da fecalização (sádica) e da feminização (castrante), desenvolve-se a arte de objetalizar-se para o Outro, até fazer-se um maravilhoso dejeto, da maneira do santo. A arte do sujeito masoquista que encarna, sobre toda a gama escatológica, "fazer-se empanturrar", "fazer-se violar" [pelo outro].

Objetos de arte se formam, portanto, na gramática pulsional de fazer-se sugar (seio), defecar (excrementos), ver (olhar), ouvir (voz)[70]. Ela pode também servir como rico material para pensar a relação entre olhar e ser olhado, incorporar e expelir, comer e ser comido, na mudança da libido dirigida até um objeto que supõe uma qualidade sublime, a partir do momento em que ele ocupa o lugar da Coisa.

---

[70] A *cloaca* é o trabalho mais detestado, mas também mais visitado do Museu de Arte Antiga e Moderna (MONA) situado na Tasmânia. Ele faz parte de uma série de ao menos cinco máquinas semelhantes construídas pelo artista belga Wim Delvoye: uma série em vidro suspensa por uma linha. A máquina que "nutre" está situada em uma extremidade. O sistema mostra a comida sendo mastigada "naturalmente", como no corpo humano, por um dispositivo que produz as matérias fecais durante duas horas, na outra extremidade da construção. Disponível em: http://www.reuters.com. Acesso em: 04 jul. 2012.

Segundo capítulo

O cinema escatológico como voz

Na maneira como Jacques Lacan aborda a experiência sadiana, em seu texto "Kant com Sade", em Sade a voz não está localizada como em Kant, na voz interior da consciência. É uma voz distinta do sujeito que emana do Outro, cuja constituição é precisamente como uma apresentação do objeto *a*. É neste ponto que intervenho para abordar o cinema escatológico como voz a partir de duas obras: *O império dos sentidos* [*Ai no Korrida*], *Corrida* [*tourada*] *do amor*, de Nagisa Oshima, e *Salò ou 120 dias de Sodoma* [*Salò o le 120 Giornate di Sodoma*], de Pier Paolo Pasolini.

Entre erotismo e pulsão de morte
O império dos sentidos

O diretor Nagisa Oshima, que é um dos fundadores da chamada *nouvelle vague* japonesa, no seu filme *O império dos sentidos* – lançado na França em 1976, primeiro sucesso estrangeiro de Oshima –, aprofunda sua obsessão pelos vínculos entre sexo e morte, realizando uma obra-prima do gênero. Serve-se dos elementos dramáticos no momento em que o intenso prazer coincide com a morte e o erótico coincide com a dissolução extrema: em um primeiro plano, a mulher, Sada Abe [Eiko Matsuda], debruçada sobre Kichizo Ishida [Tatsuya Fuji], aperta o pescoço de seu amante com um laço de seda fingindo estrangulá-lo e ao fundo do plano a câmara fixa o vai e vem do pênis na vagina, enquanto o homem se entrega à terrível tortura de ser asfixiado lentamente por ela, com o rosto contorcido pelo êxtase do ato sexual, extenuado[71].

O sentido do erotismo, sinônimo da sexualidade e de um laço necessário entre a transgressão sexual e a morte de que fala Bataille, é discernível em *O império dos sentidos*. "O erotismo é a aprovação da vida até na morte"[72], escreve o filósofo.

Oshima mostra o êxtase do ato sexual por meio dos gestos e situações associados à morte que permitem introduzir na ficção o sentido trágico do drama. Existe no seu filme, sempre de modo similar, a morte causada pela supressão dos limites que estão associados às lembranças na infância assim como descreve Bataille, nos seus textos eróticos, *O ânus solar* e *História do olho*: "A morte sendo a única saída para minha ereção, Simone e eu mortos no universo de nossa visão pessoal seríamos substituídos por estrelas puras, realizando a frio o que me parece ser o fim de minhas devassidões"[73].

Desse paradoxo de que para o ser vivo a morte se apresente como único limite do gozo sexual, Sigmund Freud concebeu, em sua derradeira teoria das pulsões como pulsão de morte, a ideia de que a tendência subjetiva mais vigorosa empuxa a existência no sentido da mais radical aniquilação. Uma dimensão real do corpo erótico independente da função do órgão nele envolvido passa por uma fantasia da morte que não pode nunca ser capturada, vai mais além de toda representação.

Oshima menciona desse modo Bataille: "Há muitas coisas no Japão que poderiam ter interessado Georges Bataille, sobretudo no Japão do passado"[74]. A alusão ao passado que o cineasta faz corresponder à era

---

[71] Freixas e Bassa, 2005, p. 245. *O império dos sentidos*, obra mestra da filmografia erótica, é um filme complexo que, depois de ser lançado na França em 1976, não deixa de surpreender, até hoje. "Um filme fundamental, desgraçadamente, único, bandeira de uma sexualidade desesperada, propulsora de dilacerantes cerimônias sexuais", afirmam Ramon Freixas e Joan Bassa, no livro *Cine, erotismo y espectáculo*, concebido como complemento enriquecido do precedente, *El sexo en el cine e el cine de sexo*. Nesse último, os dois autores fazem uma ampla retrospectiva do cinema erótico e pornográfico de 1904 a 2003.

[72] Bataille, 1957, p. 17. [Bataille, 1987, p. 10].

[73] Bataille, 2010, p. 232.

[74] Oshima, *apud* Magnelli e Martini, 1984, p. 158.

Tokugawa [1600-1868], do Japão ancestral e livre terminando com o início da era Meiji, de modernização do país. É a época na qual se desenrola o filme, quando as pessoas se locomoviam de *rikisha* (charrete puxada por um homem) e morava-se nas hospedarias.

Assim, cada cena cita a cultura japonesa ancestral, não apenas a prática erótica cultivada pelo requinte cortês, a poligamia, a poliandria, a sodomia, mas também o acompanhamento musical com tambores, flautas tradicionais japonesas e violas tocadas pelas músicas gueixas. Citação que Oshima concebe também na geometria dos planos, com os corpos nus e quimonos japoneses que reproduzem detalhes estéticos da estamparia tradicional e com o gestual sexual das personagens encenando a gravura de Suzuki Harunobu em 1725-1770[75]. Tudo escapa de uma representação do corpo comum, banal.

Sob a influência de teorias estrangeiras misturadas com a representação da cultura japonesa e história, Oshima sempre apela para a ordem simbólica por ela permitir combinar de outras maneiras símbolos, significantes, figuras[76]. Ao invés de explorar meramente cenas de nudez, em uma série de filmes, ele recorre à sexualidade como alegoria política focada em relações de dominação que refletem de modo enviesado, seja o militarismo que leva o Japão à Segunda Guerra Mundial, seja a submissão da sociedade japonesa aos norte-americanos após a derrota no fim da guerra.

Neste registro simbólico, no *Conto cruel da juventude*, de 1960, um jovem manifesta seu desejo de liberação sexual por meio de uma atitude revolucionária contra o Japão militarista da era Showa. *O enforcamento*, de 1968, era já considerado como protesto contra a pena de morte no Japão, com tomadas aéreas sobre os locais de execuções e cenas do suplício da forca.

Essa atitude leva Oshima a uma rejeição simultânea da história e do cinema nipônico clássico caracterizado como cinema de regras, de obediência. Ele muda para uma temática mais transgressiva com *O império*

---

[75] Conferir Nagib, no livro *Nascido das cinzas. Autor e sujeito nos filmes de Oshima*, 1995, p. 145-165.

[76] Philippon, 1986, p. 13. Segundo o crítico francês Alain Philippon, ao analisar *Arènes sanglants* [*Arenas sangrentas*], o "plano simbólico" é fundamental para a interpretação da obra de Nagisa Oshima.

dos sentidos, fase de produção na qual o que o atrai são as consequências extremas dos atos dos adultos, dos criminosos e dos maníacos sexuais, entregues aos impulsos. É um filme no qual ele recria um crime verdadeiro, cometido no Japão em 1936 e um dos mais conhecidos, que ocupou bastante a mente e a fantasia dos japoneses. Ele o descreve em voz *off*: uma ex-prostituta, empregada de uma hospedaria, é acusada de matar e emascular o patrão depois de uma semana de sexo ininterrupto. De acordo com os fatos, seu riso retinindo nas ruas tinha provocado uma sensação estranha nos japoneses, porque ela parecia irradiar felicidade.

Segundo os pontos de vista, *O império dos sentidos* é tanto um filme de arte quanto um pornô, mostrando que a linha que separa a arte da pornografia não é tão clara. Com efeito, trata-se, antes, de uma obra que transpõe os limites da pornografia, indo até a escatologia, na qual entra em jogo a dimensão moral do erotismo que se encontra entre a violência e a transgressão, esta filmada com rigor dentro da concepção exata de Bataille.

> A história do erotismo não é absolutamente aquela da atividade sexual admitida nos limites definidos pelas regras. O erotismo engloba apenas um domínio delimitado pela infração a regras. Trata-se sempre de sair dos limites admitidos[77].

O erotismo com o qual Oshima encena o ato sexual em *O império dos sentidos*, submetendo-o a uma fantasia na história do crime[78], contrasta com a exibição explícita do filme *hard*, limitado aos atores pornôs que estão na tela apenas para excitar sexualmente o espectador – que faça isso, aquilo... – transformado em um mero consumidor. O personagem, no

---

[77] Bataille, 1976, p. 108.

[78] Zimmer, 2006, p. 13. Jacques Zimmer, dentro da discussão sobre os planos pornográficos do *Império dos sentidos*, considera esclarecedor o julgamento da Comissão de classificação de filmes: "É em certo sentido um filme erótico *hard* [de maneira nenhuma pornográfico]. Por outro lado, de um ponto de vista original, pode-se ver nos jogos eróticos dos personagens a dominação dos sentidos. Ao cenário não falta pudor, paradoxalmente". Com relação à palavra *hard*, usada na pornografia contemporânea, significa que os filmes mostram cenas de penetração vaginal ou anal e de "dupla penetração", de *fist fucking* e de dominação, e os *ultra hard* mostram a escatologia com bestialidade, violação, queimaduras, perfurações.

universo de um filme pornô, não morre nunca[79]. Mesmo se com a câmera mostre detalhes do órgão sexual excitado, a penetração sexual do pênis na vagina, o orgasmo etc., assim como o registro do sexo real, isto é, real de um filme pornô, em geral a crença do espectador na realidade cinematográfica fica suspensa, uma vez confrontado com a dimensão mais fantasmática.

Oshima não aceita que quem assiste ao filme que ele dirigiu seja o tipo de espectador de um filme pornô. "Aquele que vai ver um filme pornográfico não o olha com o objetivo de preparar-se para realizar um ato sexual. É o fato mesmo de ver este filme que se constitui para ele como um ato sexual"[80]. Através da encenação do ato sexual trabalhado com planos aumentados, aberrantes, ele exibe diversas partes do corpo dos dois amantes com suas secreções: fluido vaginal, esperma, urina, sangue. Como objetos parciais do gozo sexual, eles transpõem sempre a barreira do nojo.

Primeiramente, há o plano aumentado da boca de Sada que, com insistência obsessiva, obriga Kichizo a ter uma relação sexual com a gueixa idosa. Durante a relação ela morre e seu corpo lembra-lhe o do cadáver de sua mãe.

Depois, existe o sangue do sexo cortado com que Sada escreve ideogramas sobre o cadáver de seu amante, "Sada e Kichizo, nada mais que nós dois", retraçando o insaciável desejo de uma mulher que enlouquece.

Há também o plano aumentado de partes do corpo de Sada, sua vulva e sua bunda filmada quando esta traga o ovo introduzido por Kichizo. Ovo que, em seguida, é acrescentado à refeição erótica em que ela lhe oferece alimentos embebidos de sua secreção vaginal... e lhe pede para urinar nela, Sada.

Nessa cena, Oshima identifica Bataille quando, de uma maneira erótica, interpreta sua reminiscência do olho, que, pela metáfora do ovo, tem

---

[79] Marzano, 2006, p. 29. Michela Marzano traduz para uma linguagem psicanalítica a diferença entre erotismo e pornografia. Primeiramente, ela observa que a pornografia, ali onde o erotismo fala de corpos segundo os movimentos interiores da paixão, coloca em cena o simples espetáculo de "pedaços de corpos", seguindo regras que indicam como representar o "gozo perfeito", gozo no sentido do orgânico. Em seguida, ela analisa o objeto da pornografia como o "corpo-objeto" parcial, o corpo fendido em pedaços que carecem de toda unidade, e o objeto do erotismo como o corpo erógeno, o corpo unificado onde o desejo se realiza.

[80] Oshima, *apud* Marzano, 2006, p. 234.

um alcance simbólico. Para ele, o ovo é o olho do pai enfermo, cego, semiparalítico e sifilítico, enquanto urinava. É o olho que comanda a narrativa associado ao tema da experiência erótica de seu livro *História do olho*, no qual, rompidos todos os anteparos entre coisas baixas e elevadas, ele liga mais fundamentalmente o olhar separado do corpo como órgão visual ao erotismo anal.

Oshima leva o espectador muitas vezes a reconhecer o odor familiar que logo se mistura às excreções do corpo dos amantes e à fedentina do aposento da hospedaria do Japão pré-guerra onde os amantes têm relações sexuais enquanto as gueixas os espiam. Ele caracteriza a mesma conexão entre o olhar, a voz e o erotismo anal, para que o mau cheiro não os enoje. Ela se apresenta desde o início do filme na cena do encontro com o velho sórdido, asqueroso e maltrapilho, que quer fazer amor com Sada – e os seus órgãos sexuais enrugados estão expostos. Será que isso pareceria nojento se o abjeto não estivesse elevado a objeto do desejo em causa na fantasia?

Não faltaram críticas e controvérsias sobre *O império dos sentidos*. Jacques Lacan fica encantado ao vê-lo durante uma seção privada com Jacques Aumont, por causa da coerência da narrativa *hardcore*. Para ele, é um filme japonês sobre o erotismo feminino levado ao seu extremo.

> O erotismo feminino parece aí ser levado ao seu extremo, e esse extremo é a fantasia, nem mais nem menos, de matar o homem. Mas mesmo isso não basta. Depois de tê-lo matado, vai-se mais longe. Depois – por que depois?, eis a dúvida, a japonesa em questão que, é o caso de dizer, é uma amante mulher, corta o pau de seu parceiro. É assim que isso se chama. Nós nos perguntamos por que ela não o cortou antes?
>
> Sabemos que isso é uma fantasia, ainda mais porque há muito sangue no filme. Eu queria muito que os corpos cavernosos fossem bloqueados, mas, agora, não sei mais nada. Não sei como é que isso se dá depois da morte[81].

[81] Lacan, 2007, p. 122-123 [Lacan, 1975-1976, n. 9, p. 38].

Nesse sentido, a encenação do êxtase assinalado pelo corpo masculino castrado não é o signo de amor de Sada por Kichizo. O pênis sangrento em suas mãos, pedaço que ela corta do corpo morto de seu amante com o qual vagueia quatro dias pelas ruas depois de tê-lo estrangulado para obter dele uma ereção mais forte, representa o gozo, que se encontra no erotismo feminino, em apropriar-se do pênis.

Desse filme tão erótico como frio J. Hassoun tirou uma leitura feminista. Ele desenvolve uma compreensão que, embora cite Lacan, tem a ver mais com Sigmund Freud: "Tudo o que se articula na teoria analítica concernente ao lugar da mulher no ato sexual registra, portanto, que ela brinca de fazer a 'she-man' [ele-mulher], o 'homme-elle' [homem-ela]"[82]. Interpreta nesse sentido a passagem da atividade à passividade no seio do casal, que acabou no gesto de castrar o cadáver. Se Sada, uma doméstica, torna-se a amante de seu patrão Kichizo, enquanto que ele passa do estado de patrão para aquele de macho usado como objeto sexual, é ela quem afinal domina.

Quando a situação se inverte, Sada coloca Kichizo na ambígua posição de um Amo subjugado ao masoquismo. Progressivamente, ele executa as ordens dela, como no caso de transar com a velha gueixa e quando eles têm uma relação sexual até o êxtase mortal.

Essa passagem aplica-se bem à visão que tem Pascal Bonitzer, o crítico de cinema francês que até hoje mais escreveu sobre Oshima. Em seus artigos, intitula *O império dos sentidos* de *A essência do pior* [*L'essence du pire*]. Comenta os planos aumentados dos sexos, as imagens cruas do coito ou a felação e o voyeurismo de um observador externo. Para ele, suscitam um evidente mal-estar e desencorajam as solicitações constantes ao espectador para ver, através das frestas nas portas de correr, Sada e Kichizo tendo relações sexuais, sempre espiados pelas gueixas. Esses planos deixam sistematicamente uma impressão gelada ou absurda, mas não sensual. "Tais planos não são feitos para tocar [*toucher* em francês], mas para duchar [*doucher* em francês]. E eles doem"[83], ele afirma, concluindo que no cinema sempre retorna o olho cortado de *Un chien andalou*, aliás intolerável.

---

[82] Hassoun, 1970, p. 156.

[83] Bonitzer, 1976c, p. 48.

O que o crítico, no entanto, rejeita é a dimensão sublime na sedução dolorosa, que ao mesmo tempo horroriza e fascina. Nada que não se constate no filme *Salò ou 120 dias de Sodoma* [*Salò o le centoventi giornate di Sodoma*], de Pier Paolo Pasolini. Trata-se sempre do excesso de gozo que incide sobre objetos interditados e, ao mesmo tempo, do sexo enquanto veículo de uma obsessão tautológica, como a conexão da escrita escatológica ao erotismo dos dois filmes.

Entre prazer e dor
Salò ou 120 dias de Sodoma

Pier Paolo Pasolini, ao associar os libertinos do livro *Os 120 dias de Sodoma ou a Escola de libertinagem* [*Les 120 journées de Sodome ou L'École de libertinage*], de Donatien Alphonse François, marquês de Sade, aos fascistas do seu filme *Salò ou 120 dias de Sodoma*, não apenas constrói uma engenhosa analogia com os campos de concentração. A partir dos últimos dias da ditadura nazifascista no norte da Itália dos anos 1944 e 1945, ele fez uma obra brutalmente asquerosa e visualmente abjeta. Essa se enleou de uma maneira inextrincável com a descrição da dor como extremo do prazer.

Considerada a obra de Pasolini mais violenta e atroz, foi interditada na Itália. Quase na mesma ocasião, Pasolini foi barbaramente assassinado em uma emboscada aos gritos de desconhecidos: "comunista sujo", "pedaço de merda"[84]. Até hoje se especula sobre sua morte trágica que aconteceu na noite do dia de finados, em dois de novembro de 1975, na praia de Óstia, uma cidade próxima a Roma. Por isso, ele não assistiu à estreia no festival de Paris. Recebeu da crítica de cinema internacional uma avaliação de que oscila entre a "denúncia e a complacência", diz Michel Delon no prefácio do livro *Les 120 journées de Sodome ou L'École de libertinage*. Eduardo Grüner pontuou que "a vida levada aos limites da morte, como diria Bataille, é a marca, insuportável para a maioria, de seu erotismo"[85], o que, talvez, leva ao assassinato iminente.

---

[84] Mazario, 2007, p. 16.

[85] Grüner, 2001, p. 151.

Em *Sodoma*, Sade, que celebrava o fim da monarquia romana decadente, justifica a violação de todas as normas morais, todos os privilégios e as calamidades da antiga monarquia do Império francês preconizando o incesto, o adultério, o roubo, o crime absoluto etc. Pois o componente perverso do nobre senhor serve de emblema no final do reinado de Louis XVIII. Por meio da lista das seiscentas perversões sobre o corpo, algumas delas descritas pela primeira vez e articuladas pela metonímia da inutilidade social, são ridicularizadas não somente a moral, mas também a religião.

Durante os 120 dias que se seguem dentro da mansão, domina a livre disposição de todas as mulheres indistintamente, consentindo elas, ou não, pelos libertinos liberados de todos os deveres que uma sociedade civilizada e religiosa lhes impõe em suas relações matrimoniais, conjugais e outras. Isso porque eles pregam o despotismo nos prazeres de que gostam, dos quais precisam e os quais têm o direito de realizar. Pelo comando de palavras de ordem, a mais radical injunção da voz do mandato para seguir o capricho absoluto, o imperativo do gozo supremo e incondicional reduz cruelmente o humano ao instrumento do prazer na dor. É a crueldade, crueldade fundamental como uma das dimensões da vida, expressa por um pensamento libertino e antirreligioso.

Ao mesmo tempo, entretanto, a doutrina de Sade é escrita dentro do que Jacques Lacan chamou "lógica da fantasia"[86], pela qual o objeto *a* da fantasia – o olhar, a voz, o seio e as fezes – surge como resto da operação significante de divisão do sujeito. "Sou um libertino, mas não sou um criminoso, nem um assassino", Sade costumava dizer. E ele justifica: "Concebi tudo o que se pode conceber nesse gênero, mas não fiz tudo o que eu concebi e certamente jamais eu farei"[87]. Ele termina assim por "atravessar sua fantasia", traçando um caminho da perversão à estética que Octavio

---

[86] Conferir Lacan, no artigo "Kant avec Sade", 1966, p. 774 e p. 786-787 [Ed. port.: "Kant com Sade", 1998]. A tese de Jacques Lacan é que Sade faz o que ele chamou "travessia da fantasia". Sade mesmo não era um sádico. Não obstante sua obra não ser aceita no social, a fantasia que ela exibe encontra-se somente na enunciação; esse distanciamento lhe permitiu desvelar o funcionamento do sadismo, colocando-se do lado da vítima. Na vida pessoal, ele estava na mesma posição: maltratava sua mulher e depois fazia curativo. Era um transgressor: amado pela mulher, ele transava com a cunhada.

[87] Sade, *apud* Oliveira, 2008, p. 3.

Paz considera, em seu livro *Um mais além erótico*, "[...] triunfo da imaginação, mas da imaginação filosófica, da fantasia raciocinante"[88].

Por sua vez, Pasolini, no seu *Salò ou 120 dias de Sodoma*, atém-se de uma maneira quase didática à narrativa descritiva e imperativa de Sade, que se tornou sinônimo do sadismo desde que o escrito saiu da fantasia de seu autor em meados do século dezenove, escrito no qual seus libertinos introduziram, por cima da lei moral, um erotismo do prazer em infligir dor e o prazer do sofrimento.

Enfurecido com a utilização do sexo como instrumento de opressão, o cineasta – poeta e escritor italiano – não acredita que as lutas do sexo e das relações de poder se dão em um vácuo social. Sade é seu patrono. "Os poderosos de Sade não fazem outra coisa que escrever regulamentos, e eles os aplicarão reduzindo as humildes vítimas ao estado de coisas [...]. A figura principal é a acumulação [de crimes]", escreve ele para o jornal *Corriere della Sera*, em 25 de março de 1975, sem jamais ocultar a ligação de suas criações com suas posições ideológicas. E conclui:

> Em Salò, o sexo é uma representação, ou uma metáfora do sexo como obrigação e deformidade. Em outros termos, é a representação [talvez onírica] do que Marx chamou a coisificação do homem: a redução do corpo ao estado de coisa[89].

Eis aqui, pois, o ponto central que Pasolini esclareceu: em seu filme, a violência, longe de ser estética ou abstrata, apresenta-se de um lado vinculada à necessidade histórica e, do outro, à perspectiva da sobrevivência de uma resistência por parte da vítima que não seja somente interior e religiosa, mas também política militante. Segue o que ele chama "discurso indireto livre", ainda que sua ética divida opiniões[90].

---

[88] Paz, 1999, p. 39.

[89] Pasolini, *apud* Marzano, 2006, p. 23.

[90] Neiman, *apud* Žižek, 2004a, p. 160. *Salò ou 120 dias de Sodoma* se limita à intenção de Pier Paolo Pasolini de adaptar a moral sadiana à moral fascista nos campos de concentração. Ao contrário, Slavoj Žižek pensa que isso é impossível, por concordar com Susan Neiman que diz: "Sade e Auschwitz têm pouco em comum. É pouco provável que se possa encontrar uma fórmula geral que os una e qualquer tentativa de fazê-lo poderia obscurecer o que é moralmente importante em cada um deles."

Pasolini toma a máxima universal sadiana, em torno da qual prevalece o gozo sádico, para dirigir a ação dos libertinos enquanto se apoderam do corpo das vítimas reduzidas a um instrumento da vontade do Outro, deixando-as sem escolha[91], libertinos cuja finalidade é administrar ao seu objeto humilhação e dor. Em sua montagem, ele superpõe a progressão dos quatro meses sadianos aos círculos dantescos, ciclos da vida e do sexo associados à morte, organizados nos quatro círculos sucessivos: "Círculo do anti-inferno", "Círculo das paixões", "Círculo da merda", "Círculo do sangue".

Em cada círculo, o horror do real é velado pela presença das quatro fascinantes velhas prostitutas vestidas magnificamente – Signora Castelli [Caterina Boratto], Signora Maggi [Elsa de Giorgi], Signora Vaccari [Hélène Surgère dobrada por Laura Betti] e [Sonia Saviange]. Nenhuma iniciativa precede aos relatos de suas experiências que os quatro senhores depravados ouvem: Sua Excelência o Presidente Curval [Umberto Paolo Quintavalle], duque Blangis [Paolo Bonacelli], Bispo [Giorgio Cataldi] e Monsenhor Durcer [Aldo Valletti dobrado por Marco Bellochio], os mesmos personagens do romance de Sade representantes dos quatro poderes, o judiciário, a nobreza, a igreja e o poder econômico.

Por meio das palavras, as prostitutas comandam os corpos, excitando a imaginação dos senhores que muitas vezes interrompem ao porem em prática as mais perversas passagens, como na cena da coprofagia, a ingestão da comida feita de excrementos para festejar as bodas do Presidente com uma das vítimas, o jovem vestido de noiva. Como parte da representação teatral, todas as descrições delas são atuadas pelos personagens de Sade divididos nos quatro grupos: os soldados, os colaboradores, os servos e as vítimas dos atrozes ultrajes dos libertinos.

As vítimas femininas, Juliana, Júlia, Eva, Renata, Fátima, Claudia, Graziela, Eva – interpretadas por Giuliana Melis, Graziella Aniceto, Dorit Henke, Benedetta Gaetani, Faridah Malik, Renata Moar, Antinisca

---

[91] Deleuze, 1983b, p. 44. Gilles Deleuze refuta o complemento sadomasoquismo, explicado por uma polaridade, com a justificativa de que é um encontro impossível. Diz ele: "Nunca um verdadeiro sádico suportará uma vítima masoquista. [...] Mas também, um masoquista não suportará um carrasco verdadeiramente sádico".

Hemour, Olga Andreis –, e as vítimas masculinas, Claudio, Humberto, Tonino, Ferrugio Dona – interpretadas por Sergio Fascetti, Antonio Orlando, Franco Merli, Lamberto Book, Bruno Musso, Claudio Cicchetti, Umberto Chessari, Gaspare di Jenno –, subordinam-se a todo tipo de sevícias e torturas, blasfêmias dos atos de sodomia em obediência às exigências para o refinamento da libertinagem, como impõe o regulamento no contrato.

Da mesma maneira, os libertinos coordenam a escolha das vítimas, estabelecendo que elas sejam dotadas de frescor, silhueta, graça, candura e inocência, entre jovens dos dois sexos, entre doze e dezoito anos, todos na flor da idade. A exigência é a beleza classificada incomparável, além de imutável, no que fica demonstrada a experiência do corpo sublime que persiste mais além da corrupção do corpo físico no cadáver da vítima sadiana que é, em certo sentido, indestrutível.

Para a ocasião das cerimônias entre as paredes da mansão, nenhum sexo associado à alegria será permitido. O prazer possível é a dor, e a dor, prazer, tanto para exasperar os sentidos como para prosseguir os horrores sexuais, prazer na dor cujo nome lacaniano é gozo[92]. Jogos obscenos suspendem a dignidade dos cerimoniais sociais e religiosos, enquanto os libertinos assumem a posição do executor da justiça sadiana nas volúpias coprofágicas, assistindo as vítimas a beber e comer excrementos, segundo suas ordens.

Uma vez que os libertinos transformam as vítimas masoquistas em um objeto-dejeto, há seções de nudez total, defecação, coprofagia e coprofilia, tortura de jovens brutalizados envolvendo os bicos do peito e os pênis marcados com fogo, frequentes violações e masturbações. Elas são encenadas por meio de um repertório teatral metodicamente disposto na tela que mostra uma pulsão de crueldade ao lado da pulsão escópica, como Paul-Laurent Assoun descreve em seu livro *Leçons psychanalytiques sur le masochisme*: o masoquista exerce sua crueldade para esse outro que é ele mesmo e tira prazer de sua degradação.

---

92 Lacan, *apud* Žižek, 2000, p. 181. Para Lacan, é o próprio sádico quem se encontra na posição de objeto-instrumento, enquanto o sujeito cindido é precisamente seu outro, ou seja, a vítima.

Em suma: urina, excremento, sangue e esperma. É como o filme coloca em cena o pensamento libertino e a dança da morte na doutrina de Sade que proclama o mal buscado pelo mal, o gozo da destruição, a virtude do crime[93]. No que se refere ao olhar, também formulado implicitamente por Pasolini em *Salò*, na linhagem de Sade, é um misto de fascinação e de frieza dos senhores expiatórios focados pela câmera, em que a pulsão escópica encontra satisfação. Através das janelas que dão para o pátio, eles veem, sem ser vistos, com os binóculos, as práticas da tortura sendo encenadas, o que coloca o espectador diante da apatia dos carrascos sadianos, fundamental para seu bom termo.

Por conseguinte, Pasolini mostra o que Sade torna visível na figura do carrasco, o executor da tortura, o enunciado de uma Lei moral kantiana. Nesta situação, ele é agente do gozo do Outro[94].

Como deveremos articular, afinal, a ligação entre a ordem imaginária, a ficção simbólica e a realidade da violência?

Em consequência da proximidade excessiva do objeto em relação à realidade, que sufoca a atividade da ficção simbólica, há uma desrealização da própria realidade – e, na medida em que a realidade não está estruturada mediante a ficção simbólica, a fantasia que regula o imaginário hipertrofiado não intervém diretamente nela.

É esse exatamente o ponto que indica o esgotamento da dimensão simbólica: como acontece com Pasolini de se esgotar. Tanto que *Sodoma* não versa nas interpretações líricas ou retóricas de suas realizações anteriores, em particular *Teorema* [*Teorema*], de 1968, a respeito da qual ele conta: "Eu apliquei as noções psicanalíticas tais quais as senti, e é assim que projetei a psicanálise sobre o mito"[95]. E nem naquelas que formam

---

[93] Sade, *apud* Lacan, 1997, p. 257-258 [Sade, *apud* Lacan, 1986, p. 273]. Ao estudar a complexidade da satisfação de uma pulsão de morte, Jacques Lacan cita a teoria de Sade, que aborda o crime em um ciclo de destruições naturais e não naturais. Para ele, existe uma distinção entre o "crime corrente", como parte do ciclo natural da geração e corrupção, e o "crime absoluto", o da erradicação desse ciclo.

[94] Lacan, 2006, p. 250 [Lacan, 2006, p. 259]. Se levado em conta o que Jacques Lacan ensina sobre a voz do supereu como imperativo do gozo, é realmente impossível eliminar o alcance dessa voz na obra de Sade.

[95] Pasolini, *apud* Dadoun, 2000, p. 47.

a chamada "trilogia da vida", *O Decamerón* [*Il Decameron*] de 1971, *Os contos de Canterbury* [*I raconti di Canterbury*] de 1972 e *As mil e uma noites* [*Il fiori della mille e una notte*] de 1974, em que cantava um erotismo gozoso e libertador de outro tempo. E é aí que ele morre. Deixando um perfeito exemplo do abjeto na ordem social elevado a objeto da arte.

Terceiro capítulo

O cinema escatológico como fezes

Tenho me detido sobre a tendência de certos filmes a transformarem--se em uma arte excrementícia construída com a fantasia claramente baseada na repressão do gozo anal. Por exemplo, um pensamento obsessivo com o dinheiro, em O *cheiro do ralo,* do livro do escritor e quadrinista Lourenço Mutarelli. Adaptado às telas pelo diretor Heitor Dhalia, é uma expressão sintomática da "estima narcísica": a fase anal do desenvolvimento libidinal na qual os excrementos são objeto de apreço narcisista e interesse da criança. A mesma relação entre fantasia e sintoma está também em jogo no documentário *O engenho de Zé Lins*, de Vladimir Carvalho, embora ela não enverede pela transformação do dinheiro em merda. Ele privilegia a dimensão fantasmática, complementando-a com a ideia escatológica: os dejetos de uma época podem servir de matéria para o pensamento e a criação literária. Nessas perspectivas, abordo as duas obras: *O cheiro do ralo*, de Heitor Dhalia, e *O engenho de Zé Lins*, de Vladimir Carvalho.

Prazer anal
O cheiro do ralo

Este filme caracteriza Lourenço [Selton Mello] com a dualidade própria do personagem, mas não a de um analisando, pois ele combina os traços de um neurótico obsessivo e de um psicótico com seu erotismo anal transformado em "ordem, avareza e obstinação" e expresso por uma fantasia paranoica. Como se ele tivesse saído de uma edição do texto de Sigmund Freud, sente-se atraído pelos excrementos e seus derivados, dinheiro, pênis, e sua excitação sexual com uma mulher é de vê-la por detrás. Arnaldo Jabor vai nesta direção quando escreve na sua crônica que o acúmulo de situações trágicas, cômicas e perversas produz o que costumamos chamar de obra-prima, e pergunta: "Como explicá-lo psicologicamente"?[96], deixando a questão do que quer dizer a psicologia do personagem em suspenso.

Lourenço se ocupa de um escritório fedorento. É obcecado pelo cheiro de merda exalado do ralo do título do filme. Compra objetos ou relíquias, geralmente dejetos de artefatos de consumo com seus atrativos peculiares e que terminaram por ser inúteis. Adquire essas bugigangas dos desvalidos necessitados do dinheiro, sempre levado por um gozo indomável, trocando sua frieza de sentimentos pela satisfação em humilhá-los e tripudiar sobre eles[97]. Em compensação, às vezes, atraído por algum objeto que lhe é oferecido, paga mais, com o dinheiro que poupa em caixinhas de charuto escondidas em gavetas. A partir daí o dinheiro sai de seu controle consciente e passa a não valer nada. Ele o trata como merda[98].

---

[96] Jabor, 2007, p. 20.

[97] Dhalia, 2007, p. 5. "*O Cheiro do ralo* nem é tão distante assim do cultuado longa de Stanley Kubrick. Assim como Alex, imortalizado por Malcolm, Lourenço, dono de uma loja que compra objetos usados, cultiva nenhum respeito pela dor alheia", disse Heitor Dhalia ao *O Globo*, em entrevista com o crítico de cinema Rodrigo Fonseca, referindo-se ao impacto que teve quando viu *Laranja mecânica*, impacto que o motivou a tornar-se cineasta e a criar filmes que tratam de poder e perversão.

Kubrick, *apud* Kagan, 1979, p. 185: "As aventuras de Alex são uma espécie de mito psicológico. Nosso inconsciente encontra um alívio em Alex como se sente nos sonhos. Ele sofre de ver Alex amordaçado e punido pelas autoridades enquanto que uma boa parte de nosso consciente confessa que é preciso que seja assim".

[98] No folclore, há uma equivalência entre o ouro e a merda. O ouro faz a aura. Entretanto, entre as principais lendas, aquela da bruxa que vê seu ouro virar merda é uma variação do mito grego de Midas. Célebre por sua riqueza e suas orelhas de burro, Midas tinha o privilégio de transformar em ouro tudo o que tocasse. As duas lendas são expressões da equação excremento-ouro associada por Sigmund Freud aos sonhos e lendas na cultura do sonhador, em seu estudo "Sonhos no folclore". Recentemente, o escritor Affonso Romano de Sant'Anna, no seu livro *O enigma vazio: impasses da arte e da crítica*, pergunta-se por que virou coisa comum entre os artistas deste fim de século regredir à fase anal freudiana.

A libido anal que é usada como motor da ação do filme remete imediatamente à associação complexa entre o dinheiro e a avareza com o excremento, discutida por Freud no seu artigo "Caráter e erotismo anal" sobre os traços anais: "ordem, avareza e obstinação". Tema ampliado em "As transformações do instinto" e referente ao *O homem dos lobos*, um famoso caso clínico, descrito por Freud como neurótico e diagnosticado mais tarde como psicótico por Jacques Lacan.

Nesta análise do surgimento do caráter e erotismo anal feita por Freud, quando a criança é colocada no urinol, ela se encontra diante de uma escolha: ceder ou reter o excremento[99]. A partir das renúncias obrigatórias, Freud e seus seguidores dão-se conta dos desejos mais diversos, desde a avidez (oral) até a avareza (anal). Slavoj Žižek[100] compreende assim que a criança constipada termina na figura adulta do avarento. Ele dedica a sua vida a acumular seu tesouro e ele mesmo paga o preço de uma renúncia infinitamente mais elevada: nenhum consumo lhe é permitido, nenhuma satisfação nos prazeres. Tudo deve servir para a acumulação de seu tesouro.

Segundo Žižek, o repúdio pela criança da exigência do Outro parental, ou seja, evacuar os excrementos educadamente no banheiro, tem por resultado a submissão a outro supereu internalizado, muito mais cruel, que domina completamente o consumo (ceder o objeto excedente), deixando-a privada de todos os objetos. Isso parece um paradoxo, pois a recusa da "castração" (ceder o objeto descartável privilegiado) acaba por uma total autocastração no domínio do real, isto é, a recusa em ceder o objeto em excesso condena à interdição de desfrutar de qualquer outro objeto.

---

[99] Róheim, 1992, p. 19-22. Alan Dundes, na introdução ao livro de Géza Róheim, o discípulo de Sigmund Freud que, em 1921, ganhou o prêmio Freud pelo melhor trabalho científico em psicanálise aplicada, ressaltando o interesse do mestre pela antropologia e a mitologia em suas relações com a libido anal, lembra-se da seguinte discussão: Bronislaw Malinowski, hoje considerado um dos fundadores da antropologia moderna, perguntou: "Como explicamos então que entre os selvagens não existe o período que Freud chama de interesse 'pré-genital', 'anal erótico'?". Róheim se preocupava tanto com a afirmação categórica de Malinowski que pediu a opinião de Freud. "Quando visitei Freud antes de sair para meu trabalho de campo, lhe repeti essa frase. Sua resposta foi tão característica que a cito textualmente: 'Was, haben denn die Leute keinen Anus?' [Como! É que essa gente não tem ânus?]".

[100] Conferir Žižek, no livro *El títere y el emano – El núcleo perverso del cristianismo*, 2005, p. 58. [Ed. port.: *A marionete e o anão – O cristianismo entre perversão e subversão*, 2006].

Para expressar o paradoxo do avarento em termos filosóficos e psicanalíticos, Žižek[101] tenta aliar duas éticas tradicionais incompatíveis, a ética aristotélica da moderação e a ética kantiana da exigência incondicional. Assim, na avareza, apegar-se ao dinheiro, aferrar-se à regra da moderação para evitar o desejo gera um mais de gozo. Não é um mais que se conecta simplesmente a um gozo animal. O gozo surge somente nesse mais, porque se constitui em excesso e, como tal, em avareza, sua transformação em seu contrário, e causa o consumo excessivo.

A análise do excremento como um presente, um objeto íntimo que a criança dá aos seus pais, o que faz Freud, nos termos mais uma vez de Žižek[102], oscila entre o sublime e não o ridículo, mas o excrementício. Isso tem a ver com o fato de o homem se diferenciar do animal na repulsa que sente por seus excrementos. Como destaca Lacan[103], os excrementos envergonham o homem não por cheirar mal, mas porque, neles, ele externaliza sua intimidade mais profunda.

Existem, pois, dois tempos na relação do homem com seus dejetos. Em um primeiro momento, a criança sente atração e apreço pelos excrementos. Posteriormente, instala-se a repressão por meio da educação parental, e o gosto pelas dejeções permanece reprimido no inconsciente. A partir daí, a deposição das matérias fecais converte-se em um problema, o que não acontece com os animais, que, ao contrário, não têm uma "interioridade". Aqui convém se referir à insistência de Lourenço, com suas fixações anais, em renegar aos clientes: "eu só quero que eles não pensem que o cheiro do ralo é o meu".

A outra faceta do personagem Lourenço, a psicose, é seu delírio de perseguição expresso no plano da escrita escatológica de *O cheiro do ralo*, o filme e o romance.

A semelhança está na maneira pela qual o delicado equilíbrio do rendimento da imagem mental e do cheiro de merda como significante

---

[101] Conferir Žižek, no livro *Quién dijo totalitarismo? Cinco intervenciones sobre el (mal) uso de una noción*, 2002, p. 57.

[102] Conferir Žižek , no livro *El títere y el emano – El núcleo perverso del cristianismo*, 2005, p. 206. [Ed. port.: *A marionete e o anão – O cristianismo entre perversão e subversão*, 2006].

[103] Lacan, *apud* Žižek, 2004b, p. 73.

é tratado nas duas obras. Uma frase dita por um cliente é depois repetida por Lourenço na cena seguinte. Ele repete: "A vida é dura". E a frase passa a ter outro sentido, esse deslizamento incessante sendo o que faz avançar a narrativa com o jogo de significantes.

Cena após cena, a sequência é montada graças ao uso sofisticado de imagens simbólicas e delirantes, como no delírio criativo do "método crítico-paranoico" de Salvador Dalí: o nome com o qual ele batizou sua atividade espontânea do conhecimento irracional baseado na associação crítica-interpretativa do fenômeno delirante.

Entre outros exemplos, quando Lourenço diz "ralo", sem usar a palavra simplesmente por convenção, mas também para designar o uso de um objeto que pode variar de mil maneiras, segundo o modo que ele o percebe. Como também a palavra "bunda", pronunciada diversas vezes, não é um nó de significação. Nem é de se esperar que tenha um toque poético a Man Ray, no *Le violon d'Ingres*.

Por metonímia, a bunda é a garçonete de quem Lourenço não sabe nem o nome e não nota nem mesmo que outra garçonete [Alice Braga] a substituiu, já que ele reconhece a moça só pelo traseiro. Por outras causalidades metonímicas, não é mais a bunda da moça, mas é o ralo anal, como ele mesmo associa: "Eu vejo a bunda que me alimenta. A bunda faz o ralo feder". O ralo é o espaço para o infinito: "O ralo é o olho do inferno. O inferno tem só um olho. O inferno é meu pai."

Com essa e outras ambiguidades sobre a significação de seu delírio, o ralo é a passagem para o inferno na terra; o "pai-Frankenstein" delirante concebido com a perna mecânica e o olho de vidro, que Lourenço comprou de parentes defuntos porque o pai morto destroçado fisicamente na guerra lhe teria deixado este olho, é um pedaço de matéria morta incorporado em sua carne e seu osso. Outro trecho delirante e autorreferencial é: "O olho está nos olhando". "O cheiro é o olho". O brilho do olho "me olha", como tudo o que é luz.

O olho de vidro sem o corpo é o objeto-olhar pelo qual Lourenço, por razões paranoicas, se diz olhado, como também todos os clientes. Trata-se do olhar do pai que é rejeitado no plano simbólico e reaparece no real. Detecto aí o essencial da "pulsão escópica": pulsão que tem como objeto o olhar na forma de um dejeto corporal, o resíduo, arrojado no campo do Outro, que faz nos reencontrarmos como resto. Todo olhar é dessa natureza: ele designa aquele que olha. Dessa maneira, a única forma de romper este encantamento sinistro seria se arrancar os olhos como Édipo, que quis suprimir não seus próprios olhos, mas aqueles do Outro. Por isso, o olhar como objeto da pulsão escópica pode ser considerado um objeto anal.

A justaposição dos aspectos da psicose e da obsessão em Lourenço desvela a cena traumática subjacente, entendida como um misto de fantasia e sintoma digno de ser interpretado.

Antes que Lourenço vise manter um contacto sexual com a jovem garçonete do bar [Paula Braum], ele quer viver com ela porque sua bunda o excita, para poder guardá-la, como faz com as coisas que compra e tranca no galpão, e tê-la lá a seus pés é mais do que um avarento pode sonhar, na ambição pelo ouro ou dinheiro. Basta olhar a bunda destinada a excitá-lo em sua atividade solitária de masturbação, sem qualquer prazer de tocá-la, pois ele pode tolerar o prazer somente se fizer parte de sua fantasia de ver a mulher por detrás.

Tudo é associado ao anal no filme, não só porque o personagem Lourenço é um neurótico obsessivo, que tem também uma fixação anal[104], mas por causa da fantasia que regula seu desejo como na estória de caso escrita por Freud, *O homem dos lobos*[105], cuja fórmula da fantasia para a

---

[104] Freud, 1975, p. 171. Na história de caso escrita por Sigmund Freud sobre a neurose obsessiva, *O homem dos ratos*, ele segue os pensamentos secretos e obsessivos de seu analisando. Nota que seu comportamento dissimula o "eu" oficial e oculta uma rede de regras e inibições que bloqueiam seu prazer desde a infância, proveniente de uma dívida simbólica, pela disjunção entre a morte simbólica e a morte real do pai. Nesse rastreamento, distinguem-se o gozo e o sintoma: o gozo ignorado por ele mesmo, apreendido na expressão de horror em seu rosto quando relata a excitação provocada pela fantasia da crueldade da tortura dos ratos que penetram em seu ânus; o sintoma do medo compulsivo é revelado no pensamento obsessivo, "Se tenho desejo de ver uma mulher despida, meu pai deverá fatalmente morrer". Com relação ao pai, ele é designado *Spielratte*, rato de jogo, o que remete a outro significante, *heinratten*, casar-se; os dois termos representam as duas dívidas paternas: a primeira, a do jogo que ele morreu sem saldar, e a do amor pela mulher pobre. Enquanto o analisando nem se casa, nem pagou sua dívida ao tomar para si, como herança, a dívida que foi contraída por seu pai e que nunca foi ressarcida. Com isso, ele mantém o gozo necessário para sustentar a impossibilidade do desejo obsessivo.

[105] Freud, 1976d, p. 13-153.

relação sexual com uma mulher era de vê-la por detrás, agachada, com as mãos pousadas no chão, posição que desencadeava imediatamente seu sentimento amoroso.

Segundo Freud, seu analisando tem uma "fixação anal" depois que se ateve à cena traumática do coito anal entre os pais, que produz o bebê fecal e ignora a diferença de sexos. "Deparamo-nos com uma ambiguidade em relação à predileção do paciente por nádegas femininas e pelo ato sexual na posição em que estas ficam particularmente proeminentes"[106], assinala ele, comentando tratar-se de uma característica geral de constituições arcaicas predispostas a uma neurose obsessiva. Isso antes de ter identificado a *Verwerfung*, a rejeição, um tipo de negação diante da castração. Um caso relido por Lacan no qual ele introduz a noção de *Verwerfung*, forclusão, que caracteriza o sujeito psicótico assim privado do acesso à metáfora paterna e, consequentemente, ao universo simbólico. Com a alucinação da perda do dedo cortado pouco antes dos cinco anos, *O homem dos lobos* demonstra para ele, ulteriormente, sua alienação de maneira mais categórica, sob uma forma paranoide[107].

Perto do final do filme, Lourenço entra em delírio e manda espancar seus clientes. A mulher drogada [Silvia Lourenço], a quem Lourenço julgava controlar, saca um revólver e atira. O filme termina com ele baleado rastejando pelo chão para alcançar o ralo entupido de seu banheiro, no impulso do desejo excrementício.

Essa reviravolta na estória é uma solução estética de tornar o personagem uma vítima de seu próprio jogo anal sádico com os clientes, que funcionavam desde o começo com as injunções pelas quais ele os submete, os espezinha e os humilha. A fantasia final, que culmina na morte de Lourenço, me permite também chegar a uma interpretação do tema sobre a retenção dos excrementos. Posso concluir que se acha representado aqui o caráter anal a partir do qual Dhalia se lança em um paciente trabalho de projeção e de significação da existência como nada além de um excremento inútil, excedente. Entretanto, isso significa também tornar-se uma encarnação do que há de autenticamente humano.

---

[106] Ibidem, p. 76.

[107] Lacan, 1998, p. 312 [Lacan, 1966, p. 311].

Engenhosidade de inventar
O engenho de Zé Lins

O documentário *O engenho de Zé Lins* desvela a "lembrança encobridora" [*Deckrinnerung*] ao reavivar a memória do escritor José Lins do Rego. Ele mostra que, na memória, a fantasia está em jogo entre o real e o enodamento do simbólico com o imaginário, o que produz como resultado a realidade.

A fim de documentar, é preciso reavivar o traço apagado para que o que aconteceu possa voltar a suceder. Há dois sentidos: o escritor, José Lins do Rego, define-se pelo que ele esquece e o documentarista, Vladimir Carvalho, pelo que se lembra. No documentário, há uma integração dos dois.

Em dois tempos, o documentário reaviva as reminiscências do escritor como aquele que abre um baú onde se guardam as impressões recebidas do mundo e que são a geratriz de tudo o que vem depois na vida. Em um primeiro tempo, o escritor consegue penetrar na intimidade mesma do passado ao rastrear os significantes da memória de sua infância nas relações com as pessoas, que, na época de criança, oscilam entre a aproximação e o afastamento da casa-grande e da senzala: deslocando os lugares. Em um segundo tempo, conduz as entrevistas dos depoentes em outro tempo da memória, mas nunca em outro lugar. É sempre no engenho dos engenhosos escritos de Zé Lins que apresenta o regime patriarcal de economia escravocrata do Brasil na sua fase de decadência[108]. Desse duplo registro documental Vladimir tira momentos preciosos por ressaltar a experiência traumática que marca a vida do escritor: "menino nascido morto".

Vladimir arremata a narrativa sempre mostrando em primeiro plano, na memória, as lembranças dos familiares vivos e dos escritores contemporâneos, tais como Ariano Suassuna, Raquel de Queiroz, Carlos Heitor Cony, Thiago de Melo, que, nos seus depoimentos, derretem-se por

---

[108] Carvalho, 2005, p. 13. Segundo Vladimir Carvalho, a terra marca compulsoriamente os filmes relacionados com a natureza que tem feito.

José Lins, desdobram-se em elogios com as cenas em segundo plano do sombrio menino de engenho, cujo humor demonstrava oscilações cíclicas do melancólico ao maníaco.

Essas cenas são fragmentos do clássico do cinema brasileiro *Menino de engenho*, de Walter Lima Junior, baseado no romance de estreia na ficção de José Lins de mesmo nome[109], no qual é especialmente significativo o assassinato da mãe pelo pai na presença do menino de engenho[110].

Por essa narração, Vladimir configura o enunciado que impregna o documentário: o que olha o filho? Ele é o olhar que reflete o gozo dos pais, um gozo mortal, diante da cena fantasmática da sedução, considerada a Cena Primitiva da psicanálise, em que a criança e, consequentemente, cada um de nós é um observador[111].

Ao procurar a memória dessa morte, Vladimir obriga-se a rever as fontes na antiga casa-grande da meninice de José Lins, onde ele cresce como um menino frágil, irrequieto e asmático. Depois vêm os impactos traumáticos da perda dos entes queridos nessa casa amaldiçoada: ele mata um amigo; sua segunda mãe adotiva, tia Maria, é separada dele; seu pai desaparece. São lutos em série. Daí a imagem idealizada do avô materno e pai adotivo, Senhor do engenho, José Lins, que ele compara à grandeza da terra. "Olhava meu avô como se fosse ele o engenho"[112], lembra-se ele.

A arte da montagem desvela a "lembrança encobridora" – fragmentos de recordações construídas de forma fictícia a partir dos fatos reais ou fantasmásticos. Ela nos deixa perceber que a recordação de uma lembrança-chave funciona como lembrança encobridora, a qual faz a função de tela onde a fantasia é projetada em uma aparência de permanência e de fixidez[113]. Por isso, é uma distorção da verdade na qual

---

[109] *Menino de engenho* é o filme que Walter Lima Junior e Glauber Rocha produzem, e que Junior roda na Paraíba, em 1965.

[110] Para Antônio Carlos Vilaça, *Menino de engenho*, de José Lins do Rego, 1932, *O quinze*, de Raquel de Queiroz, 1936, *Caetés*, de Graciliano Ramos, 1933, e *A bagaceira*, de José Américo, 1928, são os quatro romances nordestinos modernistas.

[111] Conferir Lacan, no seminário *La logique du phantasme*, especialmente a lição de 25 de janeiro, 1966-1967, p. 96-108.

[112] Rego, 1980, p. 55.

[113] Conferir Freud no texto "Lembranças encobridoras", 1976, p. 329-333.

são intercalados elementos imaginários especialmente constituintes do passado de cada sujeito.

O documentário é fiel ao escritor, que, apoiado na "lembrança encobridora", justapõe restos de sua memória do engenho com a transubstanciação das letras: "Minha vida passou a girar em torno do canário"[114], ele relembra, em *Meus verdes anos*, o livro de memórias que escreveu.

> Chamei de verdes anos o tempo de minha primeira infância. E no livro procurei reter tudo o que ainda me resta daquela "aurora" que para o poeta Casimiro fora a das saudades dos campos floridos, das borboletas azuis. No meu caso, as borboletas estiveram misturadas a tormentos de saúde, a ausência de mãe, a destemperos de sexo[115].

Assim, o escrito de Zé Lins fala de seu empenho em integrar a "cena primitiva" na rede simbólica para conferir-lhe significado e dessa maneira conter seu impacto traumático. No movimento de sublimação, as linhas da tragédia e em regra geral todas as magnificências que a angústia e a morte comandam não podem ser desconsideradas, mas são transformáveis. Elas ganham novas significações na literatura, das mais belas flores aos fortes cheiros de seiva da infância e da juventude, sempre marcadas por um excesso de sangue.

Já no seu romance *Fogo morto*, criado da mistura entre o povo e a nobreza, o escritor não trata mais de esquecer o que viveu, mas de antever a decadência, a desintegração de determinada estrutura socioeconômica que a sociedade escravista estabeleceu na cultura da cana-de-açúcar. Decadência que ele narra por meio de personagens familiares tão sinistros como os espectros dos mortos de sua infância por ele dramatizada, sempre associada de algum modo à misteriosa casa-grande com os segredos de uma alcova. "Mas ficava-me do seu aposento uma saudade ruim daquelas mulheres e daqueles homens indecentes, Tio Juca: corri sôfrego para o objeto da proibição; uma coleção de mulheres nuas, de postais e de todas as posições

[114] Rego, 1980, p. 10.
[115] Idem.

da obscenidade"; Zé Lins atreve-se a espiar, a devassar a promiscuidade privada através das estórias, das lembranças-dejetos[116].

> Não sei para que meu tio guarda esta nojenta exposição de porcarias. Sempre que sucedia ficar sem ele no quarto era para os postais imundos que me botava. Sentia uma atração irresistível por aquelas figuras descaradas de meu tio Juca[117].

Restos de sua memória da sexualidade se integram, assim, à literatura. Dentre eles o documentário lembra ainda sua preferência pelo chá das cinco da Confeitaria Colombo, no Rio de Janeiro, onde se pode vê-lo desfrutar de uma conversa prazerosa ao redor de uma mesa de chás e de geleias que atiçam a saudade dos doces da casa-grande. "Pela manhã, guardo nos sentidos o aroma doce que o tempo não conseguiu destruir. Toda a cozinha cheirava"[118], diz ele.

Detrás das linhas escritas de Zé Lins, o aroma familiar como significante, mais além da percepção dos sentidos, é o que o representa e o determina[119]. O mestre Gilberto Freyre, o sociólogo autor do livro clássico *Casa-grande & senzala*, de 1933, parece respirar esse aroma ao descrever o erotismo do cheiro do senhor de engenho que, à busca da satisfação oral pela descarga pulsional com a compoteira de doce ou de melado do tempo colonial, alimentaria o apetite sexual e o do pensamento. Com essa obra Freyre pretendeu, fundamentalmente, fixar, chegando às vezes a interpretar, algumas raízes particulares da família brasileira dentro do regime patriarcal e da economia escravocrata de tendência mais ou menos aristocrática.

---

116 Rego, 1943, p. 300.

117 Idem.

118 Rego, 1980, p. 55.

119 Chemama, 2007, p. 121-122. Roland Chemama cita o artigo de Luiz Tarley de Aragão, *Mãe negra, tristeza branca*, uma interpretação psicanalítica da ama de leite, tradicionalmente escravas negras africanas na sociedade brasileira. Segundo Aragão, os meninos das amas mantêm com elas uma relação sem limites com o gozo. A ama de leite sendo uma mãe cindida, o autor diagnostica neles um forte apetite do gozo concebido como uma tristeza que invade todo o resto de sua subjetividade.

Em síntese, por vezes o escritor é um *voyeur*. Ele "vê" o aroma de tudo. Observa como um espectador veria a cena, na situação de alguém que é interpelado por um quadro. Assim, óbvio, tal quadro não pode ser uma reprodução exata da impressão original, mas, sim, uma re-laboração com o despertar da lembrança encobridora.

É por isso que, para José Lins, a bandeira do clube Flamengo, no Rio de Janeiro, na razão de ser da sua fantasia, é uma lembrança encobridora: o menino asmático, que no passado sofreu as agonias de um afogado e no futuro as desafoga por lágrimas na torcida flamenguista, chora coisas imaginárias como se elas fossem reais ao se encontrar como um homem do povo.

Enfim, não por mera casualidade, Vladimir intitula o documentário *O engenho de Zé Lins*. É do engenho de Zé Lins hoje abandonado, em decadência, que Vladimir tenta recuperar as memórias, o que se perdeu. As memórias são escombros. O engenho quase em ruínas está na tela a título do objeto destruído. Atrás dele, há as ruínas do próprio escritor, as ruínas de sua infância. "As borboletas azuis aí criavam asas de vampiro"[120], recorda-se ele, dando asas à sua imaginação graças à literatura. Sendo essa um espaço de ficção, uma "outra cena", é o espaço mesmo da passagem de um extremo ao outro, entre a morte e a criação, a glória e o dejeto.

---

[120] Rego, 1980, p. 56.

Quarto capítulo

É isso o sujeito excrementício

Na visão psicanalítica, a "realidade objetiva" não existe, já que a realidade consiste de uma estória que cada um conta a si mesmo e aos outros. Ela é constituída pela fantasia que sustenta o "sentido de realidade". A desintegração do marco da fantasia que assegura o acesso à realidade leva a percebê-la como um universo irreal de pesadelo, em que se padece de uma espécie de "perda de realidade".

Desse ponto de vista, Slavoj Žižek sublinha que o pesadelo não é uma mera fantasia, pois é o que, pelo contrário, subsiste da realidade enquanto fica privada da sua sustentação na fantasia. Precisamente porque a ilusão ou a visão distorcida da realidade é, propriamente, a realidade: "Se subtrairmos da realidade a perspectiva ilusória, nós perdemos a própria realidade"[121], argumenta ele.

Não é, portanto, surpreendente que o cinema, no qual se pretende algo verdadeiro, mostre fatos verossímeis[122] a exemplo dos filmes cujo enfoque é a posição daqueles que foram roubados em sua autonomia e lançados na abjeção. Entretanto, embora sejam muitas vezes denegados,

[121] Žižek, 2001, p. 63 [Žižek, 2009. p. 57].

[122] Araújo, 2009, p. 6. O crítico de cinema Inácio Araújo atribui às suas respostas verossímeis, mas não verdadeiras, o sucesso de quase todos os filmes brasileiros nos últimos anos sobre toxicômanos, tanto os não marginais, no caso de *Meu nome não é Johnny*, quanto os marginais da favela, no caso de *Cidade de Deus*.

sendo mais abjetos do que independentes, nem por isso, no que concerne ao sujeito excrementício do título deste capítulo, todos reagem da mesma maneira à privação, o que tento problematizar nas três obras seguintes: *O corte* [*Le couperet*], de Constantin Costa-Gavras, *Tropa de elite*, de José Padilha, e *O rap do Pequeno Príncipe contra as almas sebosas*, de Marcelo Lunas e Paulo Caldas.

Uma vez que as obras mostram o lado obscuro do capitalismo moderno, tornam visível a subjetividade. Para Žižek, quando o sujeito desenquadrado é percebido como excluído da ordem das coisas, a ordem positiva dos entes, o equivalente ontológico do sujeito moderno é considerado intrinsecamente excrementício. "Não há subjetividade propriamente dita sem a ideia de que num nível diferente, em outra perspectiva, eu não sou além de um pedaço de merda desejável"[123], diz ele.

Žižek utiliza, dessa maneira, a imagem de Martin Lutero "Vós sois o dejeto que cai no mundo pelo ânus do diabo"[124] –, mencionada por Jacques Lacan no seu seminário sobre a ética da psicanálise –, que exprime nossa queda no mundo onde caímos no abandono. Ele afirma não apenas que a abjeção é uma ficção generalizada para todos os homens e todas as mulheres. Sublinha também como Karl Marx retratou a emergência da subjetividade da classe operária estritamente codependente da obrigação do trabalhador de vender no mercado a própria substância de seu ser, sua força criativa como uma mercadoria; isto é, de sua aceitação em ser uma mercadoria na condição de um "troço de merda desejável" susceptível de ser comprado com o dinheiro e, desse modo, poder oferecer seu corpo dilacerado como pedra angular de uma nova ordem social.

Acontece que o dinheiro, por não ser constituído do elemento material, empírico, do qual é feito, mas do material sublime, nos termos mais uma vez de Žižek, tem outra consistência, "indestrutível e imutável"[125], que persiste mais além da corrupção do corpo físico. Trata-se do outro corpo do dinheiro, constituído como o cadáver da vítima sadiana que suporta todos os tormentos e sobrevive com sua beleza imaculada. E unicamente

---

[123] Žižek, 2001, p. 170 [Žižek, 2009, p. 164].

[124] Lacan, 1997, p. 118.

[125] Žižek, 2003a, p. 336.

nesse sentido a noção psicanalítica do dinheiro como o objeto fálico, anal, é aceitável, na condição de que sua existência afirmada de corpo sublime, o "corpo-dentro-do-corpo" indestrutível e isento dos efeitos da usura pelo uso, seja sustentado pela garantia de algum limite simbólico.

Corte do olhar
O corte

Constantin Costa-Gavras faz filmes documentais, escavados na tragédia humana. Ele mistura elementos da ficção com o suspense, que são registro e espetáculo. Entre esses filmes há *Amém* [*Amen*]. Ele retoma a peça *Le vicaire* [*Der Stell Vertreller*], de Rolf Kochhuth, que provoca um escândalo em 1960, sobre os pecados das atrocidades contra os judeus, por omissão ou conivência da Igreja Católica de Roma e da Europa cristã, devido a uma eventual colaboração do clero com o regime nazista durante a Segunda Guerra Mundial. O recente *O corte* [*Le couperet*], baseado no livro do romancista americano Donald Westlake, entra também no mesmo terreno.

Jean-Jacques Moscovitz[126] deixa entender que *Amém* é um filme à moda hollywoodiana. Para ele, o olho é convocado a se submeter à sedução utilizada pelo realizador. A cumplicidade que culmina no voyeurismo diante da união do olho do pai, aquele do papa, com o olho do filho é uma ficção centrada sobre o olho entrando na câmera de gás. Através deste olho, o que é mostrável e o que não é se misturam nas imagens e a música, sem nenhuma reserva, faz o espectador aderir a uma forma de gozo do horror nazista.

Em *O corte*, o centro é Bruno Davert [José Garcia], casado com Marlene [Karin Viard]. Vítima da onda da terceirização pelas empresas, ele perde seu emprego de executivo em uma fábrica de papel. Dois anos depois, ainda desempregado, planeja recorrer ao ato radical de matar a tiros. O ato de violência lhe permite perseguir os concorrentes potenciais à vaga de um novo trabalho e eliminar fisicamente todos, sem piedade. Pode-se perguntar por que matar.

---

[126] Moscovitz, 2004, p. 70.

O diretor considera que para se liberar eficazmente do jugo da realidade social existente é preciso primeiro renunciar ao suplemento transgressivo fantasístico. Em que consiste esta renúncia? Ela é expressa na reviravolta ética pelo herói, ou seja, o bom se torna o criminoso, que, como o psicopata, não sente nem culpa nem remorsos.

Assim, Bruno é representado como um personagem de índole normal integrado nos cânones sociais, mas que, em certas circunstâncias, perde o juízo. Não existe qualquer menção a uma potencialidade perversa, a não ser quando essa aparece transmitida no filho que entra no mundo do crime enquanto que a filha e a mãe nunca transgridem. Nesse contexto familiar, ele é um pai conivente com o filho, que parece mais com ele.

Durante uma conversa com o filho, dentro de casa, sobre situações limites, o pai derrama frases como: em tempo de guerra o fim justifica todos os meios; mas só uns poucos têm acesso aos meios, mesmo em tempo de guerra. A violência inserida nesta condição extrema é uma metáfora do sintoma da crise global dos valores e da ética do trabalho.

Dessa maneira, Costa-Gavras faz uso da violência para exprimir o universo perverso da experiência humana no sistema capitalista de exploração voraz do trabalho, o que está configurado no plano dos signos da economia e da rentabilidade na paisagem urbana que circula na realidade subliminar do filme.

Subjetivamente destituído, Bruno, ao invés de se confrontar com o problema em sua raiz, reage à violência com mais violência. Ele tem, portanto, uma reação contingente, irracional e excessiva, sem nenhuma base política. Está, antes de tudo, impulsionado ao gesto oposto de sobreviver em um esforço desesperado de não se tornar um zumbi, submetido ao mandato estúpido desse mais de gozar que domina e regulamenta o capitalismo.

Por meio do ato radical em uma situação de escolha forçada, Costa-Gavras caracteriza então o personagem como um herói moderno. Ao matar os outros concorrentes ao emprego, ele opta pela solução "louca" em um momento de despersonalização. Sua estratégia, longe de se constituir em uma agressividade impotente que se volta contra si mesmo ou em uma que mude as coordenadas da situação em que se encontra, é a de desligar--se do objeto precioso. Para ganhar livremente o espaço da ação e alcançar o objetivo desejado, ele se mostra pronto a sacrificar até mesmo a família. Sua intenção assassina o leva a agir sem ficar abatido pelo remorso, diferentemente, portanto, do herói clássico[127].

Dessa maneira, mesmo que o enfoque do filme sobre a questão nuclear do criminoso não aborde sua doença mental, mas a questão social, ele indica que seu ato tem uma relação com a agência do supereu, a instância jurídica do psiquismo constituída dos mandatos interiorizados cujo papel, segundo Sigmund Freud, é "me" julgar. Jacques Lacan retoma a concepção freudiana do supereu, considerando que impulsiona o eu a ir além do princípio do prazer, ressaltando que antes ele lhe prescreve o gozo.

Assim, uma pessoa pode agir de um jeito e não outra, de modo que alguém pobre, ou vivendo em uma condição desumana, degradante e de exclusão, pode ter boa índole, enquanto que alguém de condição social elevada poderá ser um fora-da-lei, motivado pelo desequilíbrio mais elementar entre o eu e o gozo, do supereu como mostra o fato de que ser policial não implica forçosamente não se assemelhar a um fora-da-lei. Em síntese, cada um dá seus próprios contornos aos mandatos do supereu: se alguns podem romper com seus limites e optar pelo crime, outros não se permitem matar.

Em relação aos possíveis vínculos entre a psicanálise e o cinema, a interpretação de uma série de procedimentos em filmes contemporâneos, que tornam manifestas noções teóricas, tem, portanto, um papel capital não só na análise formal, mas também para as novas figuras do sujeito humano moderno.

---

[127] Conferir Andrews, no artigo *Caubóis pós-modernos*, 2008/2006, p. 6-7. No *western* americano tradicional, um gênero cinematográfico clássico, a carga trágica é concentrada na coragem do mocinho ou do herói em arriscar sua própria vida. Era o que o transformava em drama moral e não apenas em perigosa aventura. O herói ensinava como a liberação de um homem podia ser a privação do outro, como os direitos e a soberania de um povo eram muitas vezes afirmados em detrimento de outro povo e que assim, sob o estrondo das armas, existia sentimento de culpa, de dúvida e de desconforto moral.

Tropa de elite é uma droga
Tropa de elite

Os ataques contra a violência na tela do cinema têm-se multiplicado. Ressalta-se que os filmes são cada vez mais chocantes. Opiniões muitas vezes antagônicas lhes são dirigidas: ao mesmo tempo que se pergunta como fazer um cinema "bondoso" em um mundo mau, os filmes desse tipo são acusados de incitar o homicídio cruel, atribuindo-se às imagens um poder fora do comum, de ser eminentemente sinistras, nefastas, perversas e de fazer do espectador seu escravo[128]. Um prejulgamento que para o crítico de cinema Michel Pascal é duvidoso, já que ele distingue os espectadores diante das imagens: "Existem os espectadores cultivados, que resistem à hipnose coletiva, e os outros, que não têm os meios intelectuais de se defender"[129]. O filme que vai ser abordado pode ser visto como um veículo para examinar esses temas, por mais controvérsia que já tenha suscitado.

O que é, então, *Tropa de elite,* de José Padilha?

A narração em *off* pela voz imperativa bope!, similar à voz dope!, que comanda o toxicômano, utiliza o recurso da voz fora do campo visual para poder dispor da imagem e do que ela reflete: quer dizer que a voz onisciente não é encarregada de manifestar a heterogeneidade na tela cinematográfica, mas, sim, de dominar, de fixar pelo saber. Ela fala em lugar do personagem e funciona como guia para o espectador, dirigindo sua escuta, interpretando o que ele vê. A partir daí vem o seu suposto saber incontestável.

A estória assim conduzida pelo capitão Nascimento [Wagner Moura], o personagem pivô da trama, dá voz à luta armada contra o tráfico de drogas do capitão Rodrigo Pimentel, ex-policial do BOPE, um dos roteiristas do filme e autor do livro *Elite da tropa*, em que se baseou *Tropa de elite*. Os dois são sobre o Batalhão de operações especiais da polícia militar do Rio de Janeiro, Bope: uma instituição de "guerra" como política de se-

---

[128] Conferir Mongin, no livro *Violencia y cine contemporáneo*, 1998, p. 13-145.

[129] Pascal, 2003, p. 93.

gurança pública do governo, especializada nos confrontos nas favelas e em outras situações hostis.

Os agentes da polícia aparecem durante seu treinamento, como os agentes da SWAT, a tropa de elite americana, durante o rito de passagem que cria a identidade nova de "caveira". Durante as operações táticas, para realizar sua missão, eles entoam esse grito de guerra que tem como refrão obrigatório:

> Homens de preto,
> Qual é sua missão?
> É invadir favela
> E deixar corpos no chão [...][130].

Nesta polícia preparada para matar, o treinamento dos oficiais inclui o exercício e a disciplina corporais que são saturados por uma mescla de exibição humilhante do poder e de obscenidade blasfematória, representativa do supereu, já que existe uma "transgressão inerente"[131] ao poder que funciona e deve se apoiar graças a uma espécie de suplemento obsceno. Eles desempenham seu papel de forma exemplar e, portanto, não oferecem nenhuma ameaça à eficácia da maquinaria policial.

O público que assiste à encenação é envolvido na dramaturgia frenética do *thriller*, cujo interesse substancial consiste em acentuar a violência homicida para tornar o espectador ainda mais desejoso de ingeri-la em doses cada vez maiores. Ele é levado a compreender que não se trata de um simples divertimento, mas de uma tragédia. Assim revela o ator Wagner Moura no folheto do filme: "O roteiro me deixou chapado"[132].

O filme incomoda porque tudo entra na ordem da sensação em detrimento da reflexão. Na simulação em imagens do tiroteio entre policiais e traficantes de droga nas favelas do Rio de Janeiro, o vínculo entre o fluxo contínuo ininterrupto de imagens, o som ensurdecedor dos tiros, os gritos

---

130 Soares, Batista, Pimentel, 2005, p. 8.

131 Conferir Žižek, no livro *El acoso de las fantasias*, 1999, p. 85-86.

132 Moura, 2007, p. 9.

de pânico e a barbárie impedem qualquer outra representação dos atos de violência que não desemboque inevitavelmente na carnificina.

Mas, além da pesada utilização da tecnologia moderna dos efeitos especiais, o que caracteriza o filme como entretenimento é a mistura de uma operação improvisada e repentina do Bope em plena diversão popular nos bailes *funk* das favelas, com a cantoria do *Rap das armas*, MC Junior e MC Leonardo, que nunca são antipoliciais.

Nessa perspectiva, *Tropa de elite* é uma droga: bestifica e entorpece de uma violência obtusa.

Uma sincronia entre as imagens e as vozes que não deixa pensar em nada impõe-se de tal maneira ao olhar que parece que estamos definitivamente instalados em uma situação irreversível, como se nada pudesse impedir que o mundo violento do tráfico de drogas siga aumentando, em uma escalada tão ampla que não se possa distinguir seu começo nem seu fim.

Enquanto isso, o conflito armado da polícia com os narcotraficantes em nome da repressão ao tráfico de droga acaba comprometendo a ordem social por colocar em risco a vida das pessoas. Nesse confronto, que é chamado "guerra", não há mediação de um campo de batalha. Ora, a guerra, que sempre exerceu um fascínio sobre os homens e é considerada necessária para a manutenção e conquista de territórios, opõe adversários perfeitamente declarados. A violência é organizada entre combatentes, os quais têm, inclusive, um local de proteção para quem não entra na guerra. Não se trata, portanto, de guerra no tráfico, mas de uma metáfora capciosa: metáfora sobre a maneira como o movimento cria um cenário de emergência, mas não dá o passo seguinte que seria o reconhecimento de uma violência segregacionista simplesmente negada, o que mostra como o drama do nazismo apresenta-se de novo.

Apoiado nessa metáfora, *Tropa de elite* não considera a coisa de outra maneira, e deixa tudo exatamente como sempre foi.

Sobretudo o "mais de gozo" que o filme obtém na encenação de torturas e execuções sumárias de traficantes de droga baleados, mutilados e asfixiados em sacos de plástico. Com as mortes anônimas sem piedade e os moradores das favelas acuados em seus quartos, tudo está destinado a manter uma violência excessiva, uma polícia chocante e brutal. Isso, por mais legítimo que possa ser no sentido da denúncia, é hoje um bem comercializável que mobiliza o espectador, possuído de um gozo perverso sádico ligado aos horrores, nos quais ele vai buscar o que o faz vibrar a mais.

É assim que o corpo em chamas do traficante queimado considerado como escória do corpo social, transformado em uma massa excrementícia repugnante, abjeta, suscita no espectador uma profunda morbidez, ainda que moralmente problemática. É por isso que, para dizer nos termos lacanianos, que se mostram aqui apropriados, a representação da violência consiste neste "mais de gozo", com toda a ambiguidade da expressão em francês: "excesso de gozo", mas também "fim de gozo"[133].

Ainda que o filme não impulsione uma reflexão sobre o consumo legal da droga, é impossível fazer calar a questão. Do que se trata, em verdade, se não é do consumo nesse combate armado contra o tráfico de droga? Considero que essa estratégia de combate apresenta um tríplice defeito.

Primeiro, a pacificação, de uma perspectiva econômica, não depende nem da polícia nem do tráfico. A droga é avaliada como uma mercadoria que tem "alta elasticidade de renda". É nisso que se encontra todo seu potencial destrutivo quando é colocada na ilegalidade. É um fenômeno ímpar na orientação dos produtos de exportação do terceiro mundo capaz de arrebentar qualquer estrutura institucional repressora de seu consumo que pretenda reverter ou amenizar a direção do fluxo de renda do terceiro para o primeiro mundo. A fabricação da droga sintética seria um dos meios eficazes de enfrentar a situação. Esta é a posição proposta pelo pontífice da conservadora Escola de Chicago, Milton Friedman, Prêmio Nobel de Economia de 1976[134]. Ele defende a legalização da droga na perspectiva dos benefícios obtidos pelas corporações multinacionais, para evitar também que o estado faça gastos inócuos na sua repressão e passe a se beneficiar dos impostos. Mais, isso preserva a soberania do consumidor, tal como é decantada pelos conservadores americanos.

---

[133] Lacan, *apud* Žižek, 2001, p. 168.

[134] Devo esta referência ao Professor Ihering G. A. de Carvalho.

Segundo, a hipótese que a descriminalização provocaria o aumento do número de utilizadores dependentes não leva em conta a relação íntima de cada um deles com a droga, relação que não deve ser resumida a uma questão de mercado, mas encarada enquanto resultado de uma alienação do desejo, o que a psicanálise agrega à discussão[135]. Para Alain Didier-Weill, no livro *Les trois temps de la loi* [*Os três tempos da lei*], o sujeito pode permanecer na sideração, e o que seria estupor agudo tende a se transformar em estupor crônico. Essa abdicação do pensamento pode tomar caminhos distintos. Um deles é o tipo de entusiasmo bestificante da massa em um regime nazista que se faz escutar pela voz do fascismo. Ela é suscitada na medida em que há uma sideração persistente pelo significante *Führer*, entoado pela canção de marcha. O outro é o do toxicômano, para quem a droga é um significante siderante que o deixa no estado de narcose, e sua estratégia é de sentir-se invulnerável diante dos outros, meros idiotas que têm mais é de se foder.

Terceiro, a proibição do uso de drogas vem de fora, o que não implica necessariamente a lei enquanto inscrição simbólica que permite conjugar lei e desejo. A interdição significa apenas que o que é proibido está fora de controle e nas mãos dos criminosos. Além disso, interditar não resolve o problema da droga que o toxicômano não pode largar, da qual é dependente. Ele também luta contra sua própria falta de controle face ao limite e à lei.

O consumo da droga, voraz, "consume" e destrói, seja pelo excesso de lucro no mercado, ou de gozo na toxicomania[136]. No fundo, tanto faz. A droga é uma droga que carrega com ela o gozo prometido de todos os outros objetos: consuma-me e seja feliz!

---

[135] No sentido psicanalítico do gozo, a droga, para o toxicômano, implica na suspensão da castração simbólica, cuja função mais elementar só é acessível por meio da representação simbólica. Neste curto-circuito, sua característica básica e mais perturbadora é que seu consumo promete um gozo puramente autista, acessível no desvio através do Outro, da ordem simbólica. Um gozo produzido não por representações fantasísticas, mas porque ele ataca diretamente os centros de prazer dos neurônios.

[136] Chemama, 2007, p. 60. Na teoria da psicanálise, o gozo [*jouissance, Genuss*] não é equivalente ao prazer [*Lust*]. O gozo é precisamente [*Lust im Unlust*], a satisfação paradoxal produzida por um encontro doloroso com uma Coisa que altera o equilíbrio do princípio de prazer. O gozo se localiza, portanto, "mais além do princípio do prazer" [*Lustprinzip*], o termo freudiano a partir do qual, segundo Roland Chemama, Jacques Lacan franqueou o caminho desse conceito de gozo.

No entanto, na medida em que *Tropa de elite* mantém um clima maniqueísta, ao invés de apontar novas práticas sociais, a polícia é o bem e o tráfico é o mal, assim como o consumidor, e não há saída, tem mesmo é que matar, o que só pode incorrer no terror.

O maniqueísmo que marca o filme domina também os oficiais do Bope, segundo os autores do livro *Elite da tropa* que, no capítulo "As regras do método", além de descreverem minuciosamente a carnificina durante as operações policiais realizadas nas zonas de conflito para a eliminação dos traficantes de droga, acrescentam excitação sexual devido ao cheiro.

> Na trincheira de nossa guerra santa de todos os dias, os melindres vão caindo de podre, rapidamente. Você fica impregnado do cheiro ácido da urina morna do colega. Tudo circula. Saliva, porra, sangue. Merda, pus e histórias. Nas operações de risco as melhores e piores emoções saem às golfadas, como vômito [...]. Depois a gente passa o braço pela boca e seca a saliva que escorre [...]. É assim que as coisas são na polícia, para o bem ou para o mal[137].

A truculência da polícia, que tem do poder público o aval para todas essas modalidades de atuar, enquanto que ela age em nome da lei, opera em um espaço vazio fora do domínio da lei. É o que Slavoj Žižek chama "mentira ideológica" da ficção narrativa: "[...] por trás da máscara ideológica, também sou um ser humano, é a própria forma da ideologia, de sua eficiência prática"[138], argumenta ele.

A humanização no filme é a encenação do aparente dilema do policial. Ante os atos que ele é obrigado a realizar, por um lado, está sempre pronto a sacrificar sua vida à exigência de sua missão, mas, por outro lado, tem conflitos como marido e namorado. O Capitão Nascimento, nome de guerra no Bope, briga com sua mulher Rosane, interpretada por Maria Ribeiro, enquanto eles esperam um filho, para responder à morte com o nascimento, em meio a tantos cadáveres sem genealogia e sem estória fa-

---

[137] Soares, Batista, Pimentel, 2005, p. 119-120.

[138] Žižek, 1999, p. 79.

miliar; o oficial aspirante do Bope Matias, interpretado por André Ramiro, é estudante de Direito na PUC, uma Universidade católica, e, ao mesmo tempo que brada um moralismo antiperverso, faz da perversidade seu projeto existencial, por já ser sentenciado para vigiar e matar: aceita trair seus colegas universitários, usuários eventuais da maconha, por elegê-los inimigos do controle ao narcotráfico, bem como os defensores dos direitos humanos integrantes das ONGs, que na favela são os mediadores do repasse da droga.

A partir dessa reflexão, só posso chegar à conclusão de que o filme é uma *overdose* de violência na veia que dispensa o amor. Ele virou uma droga, o que torna difícil saber o que é mais terrível: a violência encenada ou a passividade dos espectadores que tudo viram aos aplausos, com a convicção de que esta polícia, e não outra, é a solução do problema.

A intenção do filme, em síntese, está clara. Contrariamente a sua aparência de vasculhar os órgãos de segurança do Rio de Janeiro, ele é perfeitamente conformista. O clichê que o identifica como documentário da "realidade" sobre o horror do domínio do tráfico e da opressão da polícia corrupta, que só podem ser tolerados mediante uma dose de complacência, não esconde sua dimensão ideológica, ainda mais evidente no filme subsequente, *Tropa de Elite 2*, quando o cotejamos com *O* rap *do Pequeno Príncipe contra as almas sebosas*, sobre o mesmo tema.

Enquanto os primeiros traçam uma homologia entre a maquinaria policial, sustentada pela insígnia oficial da caveira, e o capitão da formação como substituto digno de confiança da figura paterna que somente finge ser cruel, o segundo resiste com êxito à tentação de humanizar o policial sofredor e põe as cartas sobre a mesa quanto à maneira da comunidade de se manter unida através do significante dos matadores: almas sebosas.

Violência urbana: purgatório das almas sebosas
O rap *do Pequeno Príncipe contra as almas sebosas*

O que se vê hoje na tela é uma realidade miserável digna de pena, sob a forma de reportagem que deve satisfazer apenas *voyeurs* e exibicionistas urbanos. Já *O* rap *do Pequeno Príncipe contra as almas sebosas*, de

Marcelo Luna e Paulo Caldas, documenta duas narrativas do mundo contemporâneo: as da antiviolência do *rap* e as da violência dos matadores das *almas sebosas*, uma se contrapondo à outra.

O título vem da amarração entre *rap* (palavra inglesa que significa ritmo e poesia) e almas sebosas (termo da periferia de Recife que significa ladrão de pequenos furtos e, pior, fora-da-lei). Ele se compõe como um filme cordel para fazer uma leitura da vida mordida pela morte do *homo hominis lupus*, o homem é o lobo do homem, cujo caminho para o gozo é a morte.

As duas narrativas, da violência e da antiviolência, são constituídas respectivamente dos depoimentos da gangue de assassinos e dos versos repentistas em ritmo de *rap* – movimento musical criado no meio urbano dos Estados Unidos como forma de expressão da juventude que se propaga pelo mundo inteiro adaptando-se localmente. Seu ritmo é o mesmo da embolada e a poesia é a do poema do desafio do cantador nordestino, rimada, cantada, melodiosa e simples, semelhante à rima do poeta provençal – termo que designa o poeta ambulante do século XI que canta seus poemas ao som de instrumentos musicais. Assim, a dupla de cineastas rima o cotidiano da violência urbana sem mostrá-la.

Invisível, a imagem da violência urbana é expressa pela retomada da narrativa construída pela voz musical da periferia – espaço marcado pela ausência do Estado e vítima mais frequente da lei "olho por olho" e "dente por dente". Tudo isso se faz diferentemente no documentário, com a recusa do realismo em uma narrativa pela invisibilidade que, por mais paradoxal que isso possa parecer, torna toda a violência mais visível, mais presente. É um contraexemplo do filme composto com imagens chocantes, em que a trama e a atuação são clichês, com o tipo que tem de matar cruelmente o vilão que comete atos horríveis e com uma violência-divertimento, que visa somente manter a plateia com uma sede de violência redobrada, como quando projeta na tela grande imagens violentas trazidas da TV.

Quanto aos depoimentos encenados, fazem nascer uma teatralidade pelo diálogo com os tempos presentes, o que me leva a citar aqui Sigmund Freud, que, no seu ensaio "Tipos psicopáticos no palco", de 1905, ressalta: "[...] Desde a época de Aristóteles, a finalidade do teatro é despertar 'o terror e a piedade' e assim 'purgar as emoções'"[139]. Neste sentido, faz um paralelo entre a liberação das emoções e uma excitação sexual. Para ele,

> [...] estar presente como espectador interessado num espetáculo ou peça representa para os adultos o que o brinquedo representa para as crianças, cujas esperanças hesitantes de poderem fazer o que os adultos fazem são, dessa forma, satisfeitas. [...] E o teatrólogo e o ator permitem-lhe que ele proceda dessa forma fazendo-o identificar-se com um herói[140].

O cinema funciona também como um procedimento de identificação do espectador para "purgar as emoções": purgar culpas do passado ou expelir maus humores, como a alma que se purga na penitência. Uma precondição do prazer do espectador é proporcionar um ato heroico sem dor nem temores. Isso é possível pelo fato de que, em primeiro lugar, é outro que não ele quem sofre na tela. Depois, tudo que se desenrola é um jogo, tudo não passa de teatro que não causa perigo à sua segurança pessoal e, portanto, o prazer se apoia em uma ilusão.

Como pensar, então, o documentário cujo tema é o sofrimento verdadeiro e não a encenação para deleite da sala de espetáculo?

Se o cinema de entretenimento transporta o espectador do mundo do cotidiano para dar corpo ao imaginário fictício, o documentário faz o inverso: deixa os personagens viver o drama cotidiano na realidade, que não exclui a ficção, bem ao contrário. A partir daí o documentário faz "cinema direto" nos três tempos do olhar: olhar (do cineasta e do montador), ser olhado (da personagem), fazer-se olhar (do espectador), segundo a denominação de Jean Rouch[141], autor emblemático.

Pode-se levantar, de saída, a questão do prazer do público, na situação de alguém interpelado pelo documentário que relança o olhar. O espectador vê, mas é o documentário que volta como olhar, o que permite

---

139 Freud, 1972d, p. 321.

140 Idem.

141 Conferir Rouch, no artigo "La caméra comme lien social: cinéma direct et ciné-transe", 1989, p. 114-119.

compreender a subjetividade do espectador inserida na ordem da objetividade pelo fato de fazer parte da obra, quer dizer, o documentário é um cinema do olhar. Olhar e ser olhado. Um trabalho bem resolvido em *O* rap *do pequeno príncipe contra as almas sebosas*: em primeiro lugar, ao emparelhar o que há de comum entre dois jovens com vinte e poucos anos, Alexandre Garnizé e Hélio José da Silva, vulgo Helinho, ambos moradores de Camaragibe, cidade dormitório de Recife, para mostrar objetivamente onde eles convivem com o mundo atual da violência crescente na periferia da maioria das grandes cidades brasileiras, a aflição do chamado mundo pós-moderno como berço da violência, balas perdidas, tráfico. Segundo, ao contrapor os pontos de vista de um músico e de um justiceiro que, subjetivamente, não poderiam ser mais diferentes.

Nesse ponto, o contraste é evidente e se impõe de forma até mesmo exagerada. Garnizé, baterista da banda de "hiphop" *Faces do subúrbio*, desenvolve um trabalho comunitário com música junto à garotada carente de sua cidade. Ele é motivado pela utopia de uma sociedade baseada na igualdade entre os cidadãos, em lugar do "olho por olho", "dente por dente" de Helinho, que, acusado de ter matado quarenta e quatro pessoas, cumpre uma pena de noventa e nove anos de prisão, desde 1998, mas apesar disso não se considera um criminoso, não se confessa um matador que ganha dinheiro e não tem remorsos por ter matado, pois exterminava somente os maus para que os bons pudessem proliferar. Hoje se tem informação de que Helinho foi morto dentro da penitenciária, Garnizé foi convidado para visitar a Rússia e as crianças figurantes da escola foram todas assassinadas.

A montagem é ainda mais engenhosa ao intercalar declarações de viva-voz contra ou a favor do crime, além do som do carro com alto-falante, que divulga a vontade coletiva do abaixo-assinado pedindo a libertação de Helinho, já que ele "havia limpado a cidade" e lhe tinha devolvido a paz, fato ocorrido quando ele foi preso.

Nessas declarações, o delegado, dissimulado sob os óculos escuros, pronuncia-se a favor da condenação de Helinho; o advogado cita a lei da proibição em vigor de matar, de assaltar, de traficar drogas; os matadores mascarados dizem que respondem a uma ordem: "matem as almas sebosas", pois elas proliferam como a erva daninha e "não servem para nada"; a mãe do justiceiro invoca a lei de Deus, "Quem cometeu o crime tem que pagar", mas, apesar de sua fé, ela se atormenta pelo dilema atroz de punir ou de perdoar seu filho, e enquanto isso o visita na prisão; e o músico canta o verso "O *rap* é a lei da verdade", justificando: "A verdade da periferia é nua e crua, sem verniz." No final das contas, cada um tem sua própria lei, o que a faz aparecer sob a forma variada do sintoma.

O trabalho consiste em fazer os depoentes responderem a uma questão que só é transmitida em *off* numa cena. É no momento em que a resposta se torna pertinente que a questão aparece na montagem, de maneira que, mesmo se tratando de um documentário, logo, todos não atores, certa dramaturgia na apresentação dos personagens verdadeiros é utilizada.

Quando a personagem apresentada é a mãe, apenas seu olho e sua boca são emoldurados, a câmera penetrando pelo olhar seu sofrimento enquanto ela se defende dizendo que ele era "bom menino", apelidado "pequeno príncipe" no trabalho, reconhecido como "herói" pela comunidade local e "querido" na penitenciária. Seus olhos falam, não como o faz a boca, e dizem que algo está errado entre eles. Isso é traduzido por um julgamento silencioso do olhar que vigia e da voz que critica.

A comunidade local não quer que Helinho fique preso; como também não se quis o assassinato de Hitler pelo fato de ter havido uma homogeneização da loucura pela identificação com o líder. O documentário não faz um jovem criminoso. Ele é um criminoso. Suas reações psicopáticas não apresentam as características de castigo e o remorso de um sujeito culpável que se submete às renúncias e às restrições, embora essas sejam em parte disfarçadas com a justificativa da medida de defesa contra a proliferação das almas sebosas.

Entre os indivíduos, existem aqueles que, assim como Helinho, cometem crimes sem inibição moral ou que, no seu conflito com a sociedade, consideram sua ação justificada, sem culpa. Portanto, deve haver alguma razão pela qual ele encarne o desejo de vingança pelos membros da comunidade à qual pertence. Tal motivação deve ser levada em conta por lançar luz sobre alguns pontos obscuros da patologia do criminoso.

Como Freud explica em seu texto "Totem e tabu", de 1913, o fato de vingar acaba geralmente na morte, sem o procedimento jurídico, sem a mediação simbólica: "A morte é vingada da mesma maneira enérgica por todo o clã, como se fosse uma questão de impedir um perigo que ameaça toda a comunidade"[142]. Ainda há algo mais: a interdição do contato é um anteparo contra a morte que, na sociedade totêmica, o tabu ergue. Para além dele, há o apagamento da fronteira entre o humano e a bestialidade, a civilização e a barbárie. A questão então é: qual o ato originário da interdição de matar?

A interdição é a norma universal, já marcada por Freud com o mito do assassinato do Pai primordial – o mito no sentido de que é uma estória sem origem nem autor –, de que alguém possa ocupar o lugar do poder simbólico. Segundo a análise de Jacques Lacan, o Pai morto é a lei. Por meio dessa morte, o pai *morto* (assassinado) retorna como Nome-do-Pai, o Nome de uma lei que proíbe o gozo, enquanto o gozo do filho pode incluir a lei que inicialmente o proibiu[143]. É aí que o filho tem direito a alguma coisa. Antes do crime, não tinha direito a nada. Acaba-se assim a ilusão do gozo absoluto, de uma satisfação sem travas, quando o pai, que está fora das restrições da lei ou da interdição simbólica, desfruta do acesso ao gozo pleno; e este pai que não agencia a Lei simbólica, o "pai anal, obsceno", como o define Slavoj Žižek: "[...] anima diretamente o suporte fantasmático de nosso ser, que imediatamente invade todo o corpo social"[144].

É esse o motivo da adesão à criminalidade da gangue de matadores que, por uma imaginária filiação, faz uso da expressão *broder* (que soa como *brother* – palavra inglesa que significa irmão). A gangue de matadores se vê unida pelo sentimento fraterno que, na conjuntura do documentário, não exclui um desejo secreto de matar o pai anal. Pela mentalidade tribal, ela parece com a horda na sociedade totêmica.

Em relação à interdição, não é, portanto, uma questão de moral ou de ética da lei, mas de gozo, fora do registro simbólico. Essa mentalidade é disseminada pela canonização atual da ideia do mal em um crime original assegurando que todos estejam unidos em um trabalho impossível de luto e, por isso, a erradicação do mal está fadada ao fracasso e se encaminha para o pior – o apocalipse do bem.

---

142 Freud, 1974a, p. 23.

143 Conferir Lacan no seminário *O avesso da psicanálise*, 1992, p. 111-122.

144 Žižek, 2003b, p. 306.

Assim, pois, o documentário cava o que ficou esquecido, mas ficou preservado pela memória da cidade: a reencarnação da alma criminosa de um defunto se converte em alma sebosa. Isso, em uma cultura com uma tradição de transmissão oral, revela a verdade em um semidizer.

Na impressionante sequência de abertura, com o plano do movimento do homem aleijado no chão, arrastando-se entre os transeuntes anônimos, que reaparece no final entre os fiéis da procissão religiosa, a câmera posicionada dentro da cidade mostra como os diretores parecem estar investidos da tarefa de induzir a mesma travessia no espectador. Isso para levá-lo a restaurar, no seu inconsciente, o traço do antigo mito do assassinato do pai florescente. A letra da música cantada no *rap* sobre Jesus Cristo supõe o "olhar de Deus", ao conclamar, no plano panorâmico do voo lento, sobrevoando a favela, sem contato com o solo, a obscura lembrança da morte do filho.

Quando o filme se aproxima do fim, um dos jovens assassinos termina assumindo a possibilidade de "matar o pai", se ele e sua gangue exterminarem indiscriminadamente. Ele acrescenta: "falta um lugar de paz. [...] A gente não pode imaginar nada, a gente tem que acontecer", comparando-se a John Lennon, "morto por causa da música *Imagine*"; embora, na verdade, seu assassinato tenha ocorrido não porque ele descreveu na música uma sociedade paradisíaca, mas porque não podia dizer-se mais famoso do que Jesus Cristo sem a medida de seus sonhos.

Luna e Caldas terminam, enfim, por fazer um belíssimo documentário sobre certo prazer em tirar proveito da morte e da tortura que tem regido a sociedade contemporânea; seja na criação do artista, seja no entretenimento do jogo de futebol no qual o entusiasmo com o gol, nas palavras de um dos matadores, o faz atingir "o orgasmo", seja no trabalho com barbaridades do radialista Cardinot e da repórter fotográfica da Folha de Pernambuco – um jornal popular de Pernambuco em que as fotos mais chocantes são aquelas de vítimas da violência – que reconhece ser esquisito achar interessante fotografar o corpo violentado ao invés de fotografar flores, sem se dar conta do vínculo entre a pulsão de morte e a sublimação.

Esse é um processo que todo mundo atravessa com a mesma complexidade. Tecem-se elos sociais com uma pessoa ou uma coisa. Faz-se tudo com amor, arte e fruição da beleza para estender o prazer e assim burlar a realidade. Como também se faz de tudo para ficar na fantasia não só com as drogas e o álcool, mas também com a comida, o cigarro, o sexo ou o trabalho. Um tema de tantos outros filmes que mostram o desconforto radicado na ilusão de que aquilo que a promessa da religião, o progresso da ciência e da tecnologia não podem dar há de se conseguir em outro lugar. Se o real, no sentido de Lacan, é o objeto impossível, por trás da busca do inacessível mora o real.

Sendo assim, ao trovar as mágoas da Morte onde reina o silêncio, oposto aos alaridos ruidosos de Eros onde pulula vida, o documentário dá visibilidade ao agente destrutivo na raiz do mal-estar na civilização, que se insiste em não ver e impede que se possa constatar que o que se vê é real. Afinal, o "cinema-direto" mostra o que está aí para aquele que pode vê-lo.

SEGUNDA PARTE

VOZES E OLHARES DO DESEJO

O INSTANTE DO OLHAR

Janela da alma, de João Jardim e Walter Carvalho
Os invisíveis [*Les invisibles*], de Thiery Jousse
Novo mundo [*Nuovo mondo*], de Emanuele Crialese

Janela da alma e do corpo
Janela da alma

A questão da visão, que durante muito tempo se restringiu ao funcionamento fisiológico do olho, ficou ampliada com a teoria do olhar como objeto da pulsão escópica na psicanálise. Isso faz com que todas as tentativas de abordar o *ver* através do olho humano deixem sempre antever a possibilidade de que se trata do *olhar*. O olhar como observa Jacques Lacan: olhar reorganizado em torno de uma falta constitutiva pelo fato de que nunca poderei olhar o Outro de onde ele me vê. Um exemplo recente é o documentário, *Janela da alma*, 2001, de João Jardim e Walter Carvalho.

Jardim explica sua proposição inicial: "Queria falar como o fato de não poder ver influencia a pessoa que é privada da visão"[145]. Ele comenta que, devido à nebulosidade da imagem, todos ganham no caso de uma deficiência visual, quer seja uma miopia restrita ou uma cegueira total, inclusive os próprios diretores míopes. Para tanto, escolhe, entre cinquenta e sete entrevistados, os artistas famosos Agnès Varda, Antonio Cícero, Manoel de Barros, Evgen Bavčar, Hermeto Pascoal, Carmella Gross, Wim Wenders, Marjut Rimmine, José Saramago. Nas perguntas, ao pedir aos

[145] Jardim, 2002, p. 10.

entrevistados para falarem de sua deficiência visual, as respostas terminam desaguando no olhar do Outro, através do qual cada um enquadra a fantasia pela moldura da janela de sua própria subjetividade.

Os depoentes aparecem falando de si mesmos e de sua arte. A narrativa conduzida pelos diretores a partir da ideia de que os olhos são espelhos que refletem nossos próprios sentimentos não se prende a ela, mas aproxima-se, com cada um deles, do olhar-objeto da representação. Nisso ela transborda do campo visual para o olhar em torno do qual gira a pulsão escópica, que Lacan teoriza em "A esquize do olho e do olhar", o capítulo que trata do olhar no seminário *Os quatro conceitos fundamentais da psicanálise*: existe uma antinomia entre o olho e o olhar, quer dizer que o olhar está do lado do objeto por ocupar, no campo do visível, o lugar do ponto cego desde o qual o objeto olhado lhe devolve o olhar.

Por meio da combinação de referências trazidas pelo discurso oral dos depoentes e pelas imagens, sem precisar as fontes, o documentário acaba por confundir o espectador, que fica sem distinguir o que é de autoria dos artistas ou dos diretores. "O critério para selecionar as imagens que entrecortam os depoimentos é um mistério que não se explica"[146], diz Jardim, falando da montagem. Essa estratégia atrai com enganos a penetrar detrás das imagens, propiciando mais uma vez o triunfo do olhar sobre o olho.

Para a cineasta francesa Varda, no seu depoimento, a morte do marido, Jacques Demy, também cineasta, pouco tempo depois de tê-lo filmado, é desconcertante e demonstra a existência de uma ligação de causalidade entre os dois acontecimentos, o que sugere que o olhar tem um poder secreto, até sentido como mortífero. Ver cada poro, cada pelo, cada ruga, registrados com lentidão, focados bem de perto, intimamente a ponto de transmitir a impressão de que o corpo de Demy é acariciado. Seu filme provoca uma sensação de estranheza própria da obra de arte.

Ainda no seu depoimento, Varda conta o seguinte episódio. Quando Catherine Deneuve encena ao lado de Demy, que está então no auge de sua juventude e beleza, ela teria tudo para ser o centro da atenção e deslumbrar o espectador, entretanto esse fascínio surpreendentemente emana de Demy, com seus gestos tranquilos, como quando veste lentamente seu suéter.

---

[146] Idem.

Para tanto, a diretora usa a estratégia do olhar enquadrado com a tela que possibilita a fruição *voyeurista* da cena, mas impede também que seja visto o objeto (ou a imagem) da perspectiva que permite aprendê-lo como um objeto à disposição do empreendimento da visão.

Nessa perspectiva, o ponto de partida do documentário *Janela da alma*, metáfora referência à frase do pintor Leonardo da Vinci que disse que "o olho é a janela da alma, o espelho do mundo", sai bastante abalado. Não apenas por essa depoente já mencionada, Varda, que comenta o corpo sem alma, bem como pelos demais depoentes.

Os poetas brasileiros Cícero e Barros logo minimizam o visível. O primeiro ressalta que a frase-título contém um jogo de espelhos, pois não é a janela que olha, mas alguém invisível que nos olha pela janela. O segundo faz restrições aos diretores por pedirem para falar do olho como passivo e expectante, já que o olho pode levar para dentro de si e fazer nossa imaginação "transver".

Ou, ainda, o fotógrafo franco-esloveno, Bavčar, diz que a visão importa pouco, pois suas fotografias foram tiradas quando ele estava totalmente cego, continuando a fotografar no escuro. Ele consegue captar o brilho da luz, como nas fotos do modelo vivo feminino que abraça com sua máquina fotográfica, por causa das lembranças apagadas do passado que tenta ainda recuperar. O olhar tátil está, portanto, em primeiro plano. De que se trata? O cego não tem a visão, porém ele olha. Olha quando toca com as mãos ou apalpa com os olhos e se deixa tomar pelo objeto em seu corpo. O corpo funciona como tela. Para o cego, o corpo é a tela, assim como a tela pode ser o corpo. A tela-cortina[147].

O músico brasileiro Pascoal, quase cego por causa de seu albinismo, considera que o desvio devido a seu estrabismo impede os dois olhos de fixarem o mesmo ponto no espaço e deixa os sentidos embaralhados, mas propicia a possibilidade de "escutar na nuca" e "ver na testa". Ele fala, portanto, que o olhar, o objeto da pulsão escópica –, e a voz – o objeto da pulsão invocante, separados dos órgãos da visão e da audição, coincidem

---

147 A respeito do olhar do cego, conferir Guimarães, no ensaio *Evgen Bavčar busca a luz perdida*, 1994, p. 7.

com outros objetos parciais, a nuca e a testa. Provavelmente, é a razão pela qual os depoimentos em geral sublinham os efeitos do uso dos óculos.

A artista plástica Gross pondera que os óculos são o seu duplo por lhe ficarem muito próximos, e como alguém que a olha. Desse jeito, pela "lente da arte", ela se relaciona consigo mesma como se esse "mim mesma" fosse uma espécie de estranho.

O cineasta alemão Wenders fala de uma das razões pelas quais a lente dos óculos é uma vantagem. Depois de ter abandonado as lentes de contato, porque sentia a necessidade de ver menos com mais enquadramento, ele consegue ver o mundo só por meio da moldura dos óculos: "Sem esse enquadramento, a realidade me parece excessiva", ele comenta. É isso que aparece em seus filmes quando a realidade, posta em cena como se fosse uma ficção, um sonho, uma realização alucinatória de desejo, é reduzida a um puro olhar. Tanto nas paisagens desérticas em panorâmicas, tanto nas cidades que ele percorre de carro, mostrando a luz piscando em seus *Road-movies* caracterizados por seus planos longos e demorados.

É de se notar também a inversão do ver em olhar no uso da armação dos óculos da animadora finlandesa Rimminen. No seu depoimento, encadeado às imagens de seu filme de animação *Manny Happy está retornando* [*Manny Happy returns*], o tema é o estigma da miopia. Inclusive a própria mãe a considerava incapaz e a olhava com desprezo, enquanto que o desejo da filha era não desapontá-la.

A boneca sem olhos, posta em cena na animação, é o ato sublime da artista por contornar o real com o entrançamento significante de imagens. O furo no lugar dos olhos da boneca designa o registro do olhar materno no seu corpo, razão pela qual, durante sua travessia artística, ela reconstrói a relação fantasmática que faz do objeto-olhar em causa o desejo de animar bonecas, criando uma ficção.

Entre os depoimentos há também o que o Prêmio Nobel de Literatura, o escritor português Saramago, deu sobre a cegueira. É o tema de seu romance *Ensaio sobre a cegueira*, escrito na perspectiva do Mito da Caverna de Platão: o homem aprisionado dentro da caverna subterrânea contempla as sombras projetadas pela luz do sol nas paredes e as toma falsamente pela realidade, mas, do lado de fora, quando ele sai da caverna para a superfície terrestre, ofuscado pela luz, é incapaz de ver o objeto luminoso banhado pelos raios solares.

Com a alegoria da caverna, Saramago constrói uma parábola do que acontece quando, em nossos dias, o homem permanece dentro da caverna, prisioneiro de um espetáculo de sombras ou de simulacros. Para ele, o excesso das imagens cria uma espécie de cegueira total.

Saramago comenta também que Romeu não teria se apaixonado por Julieta se tivesse o "olhar de falcão", pois veria o corpo dela cheio de buracos, como uma metáfora da falta de um imaginário que vá além da percepção limitada. Um sinal dessa miopia no ser humano contemporâneo é a falta de um olhar que veste de beleza um mundo de fantasias e de desejo.

Jardim e Carvalho, que, de início, projetam imagens da luz e do calor produzidos pelo fogo, filmam, no final, o nascimento de um bebê humano, cuja passagem da obscuridade à luz coincide com Édipo, na tragédia *Édipo rei* (494 a.C.) de Sófocles, que inspirou Sigmund Freud no seu estudo da tragédia em que nasceu o inconsciente. Se a tragédia representa uma história universal que repete simbolicamente a estória de cada pessoa, como Édipo, o filho não vem ao mundo sem que o desejo dos pais compareça anteriormente. Sendo o fruto do desejo deles, ele é portador de uma cegueira sobre a verdade do incesto da mãe que o leva, ao final, a se cegar.

Em suma, o documentário dá lugar ao olhar sem se interessar pela totalidade do sujeito humano, mas apenas por aqueles que, por causa da deficiência visual, não podem ver. Mas, como a intenção dos diretores é de se restringir à *janela da alma*, isto é, o olho, o filme sobre a janela do corpo – o olhar – deve ainda ser realizado.

O olhar de um músico inspirado pela voz
Os invisíveis

Esteticamente, há semelhanças entre *Os invisíveis* [*Les invisibles*], primeiro filme de Thierry Jousse outrora redator chefe do *Cahiers du cinéma*, *Depois daquele beijo* [*Blow up*], de Michaelangelo Antonioni e o universo sonoro de Jean-Luc Godard.

Em *Blow up* há o mistério tanto do personagem como da imagem do corpo que se mostra somente pelos fragmentos com os quais Antonioni constrói a cena de revelação da foto por ter uma mancha de cor atraído a atenção do protagonista, o que prova a preocupação do cineasta em filtrar o visível. Em Godard, há uma identificação do cinema com a escuta, pela qual ele enfrenta a complexidade de dar espaço à voz. Esses elementos comuns aos três diretores ecoam em uma mesma direção: a recusa de limitar o processo criativo a fim de adotar um ponto de vista renovado.

Quando Jousse suprime a palavra do ator, a semântica verbal, ele tece a trama com os mais variados materiais sonoros e fragmentos musicais. Talvez seja essa a razão pela qual a associação de imagens e de vozes é feita de uma lógica não linear. A partir de um alinhavar extrassensível que acompanha o processo de criação, ele junta à música sua obsessão pela linguagem do cinema.

Quanto à voz, a abordagem de Jousse parece referir-se ao fato de que uma geração de críticos redatores do *Cahiers du cinéma,* nos anos setenta, transpôs para seu trabalho especialmente a noção teórica da voz como objeto da pulsão invocante de Jacques Lacan, que propõe romper com a mera percepção auditiva, no que ele termina por acrescentar novas significações à linguagem do cinema.

O filme, então, acaba sendo o experimento de Bruno [Laurent Lucas], um compositor de música eletrônica que vive em um apartamento equipado com um isolamento acústico, uma espécie de redoma intencionalmente construída para gravar os sons que filtra, escolhe e registra: sons de instrumentos de corda e eletrodinâmicos, sons de gritos e de murmúrios de pessoas no jardim cercado de grades, do ranger da grade de ferro, do pisoteio sobre folhas mortas, vozes na disputa conjugal de seus vizinhos que ele capta pelo micro pendurado na janela.

Sensível às dissonâncias das relações humanas, Bruno vive absorto com o que escuta por meio de seu gravador. Nas cenas dentro da lavanderia, ele aparece assim sentado diante da porta de uma máquina de lavar roupa cujo movimento é transfigurado em um motivo abstrato. Sua música é composta com esses sons transpostos, mas processada sob a perspectiva da múltipla regularidade, da interpenetração de ritmos e de pulsações, produzindo harmonias imprevistas.

Além disso, o apego apaixonado do músico pelo processo da composição está vinculado à sua obsessão amorosa em um jogo do imaginário e do simbólico muito complexo. Ele sonha com a música inspirado por um emaranhado de encontros amorosos entrelaçados com vozes anônimas e a voz de Lisa [Margot Abascal] pelo telefone.

Ao compor, Bruno procura associar dois mecanismos; por um lado, o registro do som que não tem nada a ver com a significação, mas com o gozo musical e o que, por outro lado, capta a voz, aquela que não é compreensível e que se dissocia da significação quando aparece como o objeto em torno do qual gira a pulsão.

Como tal, o centro da montagem está precisamente na ausência estruturante de Lisa, que desaparece depois de fazer amor na noite ardente, da qual Bruno registrou a voz e os suspiros audíveis apenas por trás da tela que dissimula a origem de uma voz desencarnada, uma voz que surge fora do campo visual. Ainda que ela não mostre sua fonte, está presente na forma que o crítico de cinema Michel Chiou, em seu livro *La voix au cinéma*, chamou voz acusmática: voz sem suporte cuja origem não se pode identificar, uma voz impossível de localizar, cujo paradigma é a voz da mãe, aquela da qual a criança não pode perceber a origem: sua ligação com o mundo, seu cordão umbilical, sua luz.

Nisso consiste todo o mistério da enigmática Lisa: sua voz não coincide com o corpo. Ela é a mescla de idealizações da Mulher que não existe, mas é disso que se sonha, e da fantasia enquanto irredutível à imaginação que nutre sua voz[148]. Por meio dela, o espectador é levado pela busca melancólica de Bruno para reencontrá-la, custe o que custar, aferrando-se ao objeto perdido.

Jousse projeta também figuras situadas entre a vigília e o onírico. O músico é embarcado em um universo hipnótico pelo intermédio de Sr. William – o porteiro do prédio colecionador de discos de jazz que desempenha o estranho duplo papel de intruso e de anjo protetor, interpretado

---

[148] Conferir Lacan, no seminário *Encore*, 1972-1973, p. 66-71 [Ed. port.: *Mais, ainda*, 1975].

pelo veterano ator francês Michael Lonsdale, cuja presença no filme é magnificada pela música.

Depois de uma noite passada com outra adepta do sexo "às cegas", uma escritora com mal de inspiração, Bruno sublinha que a voz o persegue sob a forma de fragmentos musicais alucinatórios, e revela de onde ela é oriunda: "o olhar, a voz são sempre algo da infância que volta e a realidade não destrói".

Em síntese, o filme, consagrado ao negro próprio do cinema e que conserva sua inocência enganando, acariciando o ouvido, mostra como o amor, antes de tudo, é uma escuta de murmúrios.

Beleza do olhar perdido
Novo mundo

Novo mundo [*Nuovo mondo*], do italiano Emanuele Crialese, apresentado pelo renomado diretor ítalo-americano Martin Scorsese, traça uma homologia entre os movimentos da narrativa e o olhar-objeto em sua economia libidinal comum. Perpassa assim a utopia do Novo Mundo, a América do início do século dezenove, com a saga da família de Salvatore Mancuso [Vincenzo Amato]: o viúvo analfabeto que, querendo deixar a pobreza para trás, vai aos Estados Unidos à procura do irmão, acompanhado de sua mãe [Aurora Quattrocchi] e de seus dois filhos [Francesco Casisa e Felippo Pucillo].

No filme, logo de início, nota-se a influência dos irmãos italianos, Paolo e Vittorio Taviani, cineastas visionários que têm como marca registrada o saudosismo e uma narrativa requintada em forma de parábolas[149]. À medida que as figuras do passado se sucedem, desnudam o mecanismo do recalque freudiano, quer dizer, o recalque originário na origem da cultura e o recalcamento secundário que a cultura produz. Donde a passagem pelo excrementício representado na cena da curandeira, que extrai uma lombriga do ânus de uma jovem camponesa supostamente grávida.

---

[149] Conferir Legrand, no livro *Paolo & Vittorio Taviani*, 1990, p. 5-18.

Imagens simbólicas sucedem-se, plano após plano, sequência após sequência. Todas nos tocam como a perpétua exclamação face ao poema voltado para o objeto feminino. A narrativa da migração em massa dos italianos aos Estados Unidos não se restringe, portanto, à história política ou social de registro de um movimento de massa.

A trama compreende três partes para marcar o tempo do passado na estrutura do presente e do futuro.

A primeira representa a vida no lugar de origem, uma pequena cidade da Sicília, na Itália, da qual o diretor retira imagens do tempo e da solidão inconsolável no mundo imaginário do homem do campo.

Essa solidão prossegue na segunda parte durante a viagem. Ela é ilustrada através da metamorfose do imaginário que se dilui progressivamente, até a chegada dos imigrantes a Ellis Island, a terra prometida que nunca é vista, como no sonho de Eldorado. Ela se transforma também na origem de outra representação possível, a separação da mãe.

Na terceira parte, ao final da viagem, a mãe sofre com a perda da sua posição de matriarca e de curandeira no Velho Mundo, enquanto que a Inglesa solitária, Lucy Reed [Charlotte Gainsbourg], enfeitiça seu filho Salvatore, dado que está investida como objeto de desejo, como objeto de um gozo prometido, no momento em que ele tenciona garantir um casamento na imigração para os Estados Unidos. A mãe pode encontrar nesse casamento o apaziguamento, um momento em que ela pode parar de se engodar a respeito da promessa do novo mundo e decide regressar ao seu lugar de origem.

Pouco a pouco, a utopia do Novo Mundo a que os emigrantes aspiram modifica-os durante a viagem. Utopia que, ao final, significa *nenhum lugar*, inexistente – utópico. De fato, o ponto de partida e o ponto de chegada do diretor não foram os livros da história, mas as fotografias e as cartas escritas pelos imigrantes durante este período que revelam a viagem subjetiva.

Quando Crialese exibe o olhar perdido dos emigrantes recém-chegados, colocados na fila para os exames de admissão, ele utiliza o jogo de construção de uma casinha – durante a fase infantil é o jogo que consiste em colocar um livro no chão para testar se a criança obedece às ordens dos superiores. Eles parecem estar pedindo uma explicação, enquanto se esforçam, desorientados, para encaixar as formas geométricas em um retângulo de madeira, na frente de homens uniformizados que mantêm os olhos fixos no seu relógio, registrando o tempo que levam para achar a solução. O brilho que se reflete nos seus rostos é o olhar pequeno *a* que pode ser representado somente como mistério absoluto, irredutível ao nível imediato da significação naturalista. Por isso a enunciação subjetiva prevalece sobre os enunciados visíveis.

É uma obra de beleza. Recicla a relação de afastamento e proximidade em todos os âmbitos da vida, do amor e da cobiça, pelos contornos do vazio, com imagens ricas sempre simbólicas.

Na partida da viagem, as imagens do navio que se afasta do cais do porto deixam perceber o abismo entre quem embarca e quem fica, e exprimem a angústia da separação. Dentro do navio, o filho refaz as imagens congeladas das duas mulheres, a velha mãe e a nova mulher, de uma à outra, e essas imagens suscitam nele seu prazer masculino em cortejar uma mulher, apesar do desconforto da terceira classe do navio aglomerado de migrantes, cheirando a maresia. Na chegada, as imagens desvelam o desencantamento na escolha pelos americanos das lindas moças camponesas que deixaram suas famílias em troca de um marido americano, a condição para imigrar.

O ato de atravessar a fantasia ao transpor o oceano dá-se, portanto, não porque os camponeses passaram para a outra margem, mas porque alcançam a verdade trágica, enfim libertadora, da ausência de fundamento da existência de uma Nova América. Não antes de ter encontrado o real, que Jacques Lacan define como sendo aquilo que retorna sempre ao mesmo lugar.

Na magistral sequência ao final do filme, o retorno da mãe toma a forma de um desejo impossível semelhante à perda da utopia. Surpreendentemente, seu neto surdo-mudo verbaliza, em nome dela, seu desejo de voltar à Sicília, independentemente do fato de que ela foi repatriada por causa de sua "mente fraca". No entanto, é a única que resta lúcida. Ao ver que se o jovem não se separar dela ele não poderá ir em frente, pelo futuro idealizado, ela fica com o que há no Velho Mundo para fazer sua elaboração do luto da perda. Enquanto que os jovens, vestidos com as roupas dos heróis mortos, nadam em um mar de leite materno, para que a história inelutável do passado dos emigrantes não seja esquecida.

O OLHAR DO FASCÍNIO NA HISTÉRICA

Noite de estreia [*Opening night*], de John Cassavetes
Singularidades de uma rapariga loura [*Singularidades de uma rapariga loura*], de Manoel de Oliveira

Alucinação permanente da vida
Noite de estreia

A coincidência entre o corpo histérico e o corpo teatral é apresentada por dois espaços em *Noite de estreia* [*Opening night*], de 1978. É um filme do nova-iorquino John Cassavetes, considerado pai de uma teatralidade inseparável do cotidiano. Em concomitância com o trabalho cênico no palco teatral, ele coloca em cena o que se passa no Outro Palco, o cotidiano no apartamento de uma atriz de teatro[150].

O filme é uma peça dentro da peça. Adaptado da peça de teatro de Ted Allan, teatrólogo amigo de Cassavetes, ele faz parte, com o corpo histérico, da trilogia de filmes iniciada por *Uma mulher sob influência* [*A woman under influence*], em 1975, e terminada com *Amantes* [*Love streams*], em 1984. Ele expressa bem o estilo de interpretação realista que esse diretor de filmes independentes importantíssimo na renovação do cinema americano cultivou em seu trabalho. Era um método padrão para dirigir sua equipe fazendo sistematicamente ensaios, quase seguindo o modelo teatral.

Gena Rowlands, casada com Cassavetes e sua musa, encarna uma atriz de teatro, Mirtley Gordon, que enfrenta seu bloqueio de integrar a personagem em sua personalidade. Ela reflete sua própria crise íntima de não entrar na realidade no momento em que galgou celebridade e fama. É

---

150 Jousse, 1992, p. 85. Thierry Jousse, autor de uma análise crítica da filmografia completa de John Cassavetes, considera que ele apresenta, mais do que qualquer outro cineasta contemporâneo, uma literalidade absoluta do corpo como forma de figuração e, sobretudo, como presença existencial.

dirigida bem no estilo psicologista. Isso é bastante compreensível pelo fato de que o cineasta teve uma formação de teatrólogo nas cadeiras do *Actor's Studio* de Nova York, base do teatro norte-americano. Ele participou de uma geração de atores marcada pela herança de Stanislavski, diretor russo cujo teatro interliga o físico e o psicológico, e de Frank Capra e Carl Dreyer, donde vem o fundamento dos filmes que realizou.

Quanto à cena violenta da bofetada que mostra Gena Rowlands se atirar no chão do palco durante os ensaios, mesmo antes de tocada pela mão de Maurice Adams, interpretado por Cassavetes, o próprio Cassavetes destaca como a queda simulada não é pura falsidade. Ela representa uma coincidência entre o corpo que cai e o corpo da histérica que sai da cena para jogar-se no vazio em ocasiões que não carecem de certa teatralidade.

Com essas encenações, Cassavetes redescobre o que dizia Sigmund Freud ao inaugurar a psicanálise ainda em germe, ou seja, que o teatro da histeria não se dava como espetáculo. Contrariamente ao seu mestre Dr. Jean Martin Charcot, que se servia do metrônomo, a invenção mais recente em aparelhagem fotográfica, para registrar a fisionomia e a coreografia do corpo das histéricas expostas nas apresentações públicas em suas aulas sobre a histeria no hospital de Salpêtrière em Paris.

O projeto de Charcot era guardar a fotografia da fisionomia e da postura do corpo da histérica para a posteridade. Era a garantia, a caução do olhar científico objetivo ao qual nada escaparia, e o retrato era como uma ficha de identidade policial que ocultava a dimensão subjetiva da histérica, na época estigmatizada.

Na aurora do século vinte, Freud começa a escutar a histérica. Ele inclui sua encenação no marco simbólico pelo qual tentava, mediante a palavra, cernir o real no sintoma da histeria de conversão[151]. Isso deu origem à descoberta, na antiga tese freudiana sobre o caráter fundamentalmente sexual da histeria, do desejo disfarçado para escapar à censura, dirigido pela transferência a um pai. Com efeito, o enigma do corpo feminino, onde se esconde o desejo histérico insatisfeito, apare-

[151] Conferir Freud, no artigo "Fragmento da análise de um caso de histeria", 1972, p. 1-109.

cia, como em um filme, representado estruturalmente na ficção da cena traumática.

Lá também Cassavetes põe a câmera. Câmera na mão, e em uma grande proximidade, ele filma como a própria câmera se sente atraída pela dinâmica da histérica. Por exemplo, filma em longos planos Gena Rowlands, primeiro no camarim, depois com o piano, em seguida nos bastidores, depois em público. Por fim, arrancando-lhe sua intimidade, ele a capta à luz do dia e na atmosfera do instante. Tudo isso em um único plano-sequência, sem cortes, que consiste em uma reprodução de sua realidade, tanto exterior como interior.

Com a falta de estabilidade devida ao fato de que ele carrega sua câmera na mão, Cassavetes projeta os estopins histéricos através dos quais a histérica se questiona sobre o enigma da feminilidade.

A cada encontro com o público, apresenta-se a angústia escópica diante da aterradora imagem devoradora da absorção ou da deglutição de uma mulher pela outra, em todos os cantos e a qualquer momento. É algo que põe à prova os limites do intricado processo da pulsão escópica com a pulsão destrutiva ilustrado na cena em que o público se atira ao corpo da atriz como o tigre persegue a presa. Dessa maneira, na cena chuvosa e sombria, a atriz presencia o acidente com sua fervorosa fã, Nancy Stein [Laura Johnson], que, enlouquecida, é atropelada na rua. Isso é visto da janela de seu carro, nas imagens focadas logo em seguida ao assédio na noite de estreia de sua nova peça, na saída do teatro; aliás, Pedro Almodóvar, inspirado por esta cena do filme, realiza *Tudo sobre minha mãe* [*Tudo sobre mi madre*], 1998, que gira também em torno da morte acidental de um jovem adolescente fascinado por uma grande atriz.

A imagem alucinatória de Nancy Stein, que reaparece depois de morta, vem afrontar a atriz com o olhar de fascinação. Com isso, Cassavetes capta a impressão de que em nossas vidas somos seres olhados e deixa também a impressão de que somos julgados e perseguidos sem trégua.

Essa alucinação da jovem fã que termina assassinada pela atriz já madura não é tanto o outro lado do espelho, pois se produz por causa da identificação histérica com o outro, graças à qual ela fica em dúvida: quem é seu próprio eu? É como se ela suportasse ser uma alma errante em um corpo, ou talvez em uma representação dela mesma, pontuada na peça pelas frases finais de Mirtley Gordon: "*Nós não somos mais nós mesmos...*", "*os outros estão em nosso lugar...*".

Há, portanto, uma imagem idealizada de Mirtley Gordon. E a atriz sabe que pertence ao seu público, quer dizer, que não é dona do imaginário investido nela. Daí seu sentimento de celebridade, de notoriedade e, consequentemente, de perseguição.

Ao final do filme, a representação dos atores Mirtley Gordon e Maurice Adams, no palco do teatro, faz passar por verídica a trama ficcional da peça, brincando de confundir suas vidas com a atuação. Com isso, Cassavetes conduz a trama deixando o espectador em suspense, sem saber em qual nível se colocar, o da vida ou o da representação.

Em síntese: a peça é como a vida, é uma alucinação permanente. A relação entre o teatro íntimo e o espetáculo estabelece a fantasia própria da histérica, ao olhar do cineasta, pois é ele quem posiciona a câmera. Manifesta que a vida e o palco se comunicam de maneira intensa, e a teatralidade é ainda mais enriquecida quando se inspira, em última instância, no mistério da figura feminina.

O desencanto porque sim
Singularidades de uma rapariga loura

Não há nada de novo no amor, mas esse é novo no sentido simbólico da palavra que o pode significar. É a impressão que deixa a adaptação literária de Manoel de Oliveira no filme *Singularidades de uma rapariga loura*, baseado no livro de cunho realista de Eça de Queirós, publicado em 1874, e também a leitura do poema de Fernando Pessoa pela voz de Luís Miguel Cintra, antigo parceiro do diretor luso[152].

Oliveira faz um filme do tempo passado no presente. Ele se dá um tempo novo e mesmo. Desenvolve a ideia central de que se pode contar a um desconhecido o que não se conta a um amigo ou à sua própria mulher

[152] Oliveira, 2009, /s.p./.

durante uma viagem em um antigo trem de Lisboa ao Algarve, com as paisagens locais através da janela. Filma como se fosse antigamente, com a introdução de poucos elementos modernos, o Portugal arcaico, impregnado do passado e, a rigor, a vida.

Para melhor ironizar a solenidade portuguesa teatral, do sarau ao som de uma harpa, das roupas sisudas, dos hábitos conservadores, do gesto simbólico de pedir consentimento para se casar, Oliveira acaba abruptamente a ilusão de Macário [Ricardo Trépa] pela bela rapariga loura Luísa [Catarina Wallenstein] e suas tentativas de fazer fortuna casando-se com ela para, ao final, descobrir que sua musa é uma ladra.

Nessa curta e agradabilíssima estória, Oliveira seduz por sua sensibilidade, desentranhando a palavra com que sublinha a expressividade da imagem[153]. Tanto pela riqueza sugestiva dos olhares na estrutura dos diálogos fiéis ao livro, tanto pela poética dos planos de detalhe, como quando ele mostra o gesto de Luísa na janela da casa situada em frente do escritório de contabilidade do severíssimo tio onde Macário trabalha, na qual ela abana, aparentemente pura e dissimulada, seu encantador leque chinês.

São cenas em que o poder da magia de Oliveira mostra discretamente uma simplicidade dramática e perturbadora, sem tantos fados melancólicos, mas pela imobilidade da câmara fixando o olhar do espectador no que se passa, ao invés de fazê-lo correr com movimentos de perto e de longe, para frente e para trás, para cima e para baixo. Mas há também um leve senso de humor e uma ironia, desconcertantes, lúdicos, que se abrem à crítica, que atingem sem ferir, que conduzem mais à reflexão do que à indignação, como quando ele mostra que a estatueta do Círculo Eça de Queiroz é de seu fundador, o Ministro da Informação do governo Salazar. Ou quando a ironia final da separação provoca a queda da imagem sublime da amada imediata e puramente reduzida a um nada. Isso somente graças a uma compreensão rápida e perspicaz do teatro histérico de Luísa para o "nada" que é o olhar do Outro.

[153] Conferir Marques, no ensaio *Manoel de Oliveira: a sedução do texto literário*, 2001, p. 82-89.

Talvez Manoel de Oliveira, com seus 101 anos, sintetize aí que sua obra de mais velho diretor de cinema da história em atividade é ainda impulsionada pelo olhar que substitui o olho que vê. Tocando no ponto irrecusável da paixão, tema sempre recorrente da alegria e das tristezas sem fim, ele dá um ponto final em algumas de suas singularidades. No âmbito da psicanálise, o irredutível dessa alegria e dessas tristezas designa o que emerge como resto inassimilável da operação simbólica, e que por isso mesmo não pode ser capturado pelo significante; isto é, o real do gozo.

A PALAVRA NO CENTRO DA AÇÃO DRAMATÚRGICA

Escola do riso [*Warai no daigaku*], de Mamoru Hoshi
Mercador de Veneza [*The merchant of Venice*], de Michael Radford

O humor como prazer
Escola do riso

Em *Escola do riso* [*Warai no daigaku*], Mamoru Hoshi dá uma lição de adaptação teatral. Com a peça satírica *Warai no daigaku* do dramaturgo Kohki Mitani, ele introduz o elemento cômico em um duelo entre dois tipos distintos igualmente dramáticos: um autor comediante, Tsubaki [Kôji Yakusho], que procura no riso a sabedoria e o prazer da vida, e um censor do governo militar, Sakisaka [Goro Inagaki], que não vê no riso a alegria de viver, e mais, ele mesmo não ria nunca.

A lição de Hoshi, já que a virtude da peça consiste justamente em concentrar toda a ação em um só lugar, é de não adaptá-la, adicionando, artificialmente, certo número de sequências para torná-la "cinematográfica". Isso o faz perder-se em palavras. Ele se perde, portanto, em cinema.

Essa raridade vinda do cinema japonês apresenta, ao longo de sete dias, várias versões revisadas de uma paródia de inspiração popular vetada pela censura. É uma versão pastelão do clássico Romeu e Julieta, de William Shakespeare, pela qual Tsubaki, em um constante ir e vir, com seu andar chapliniano desconjuntado e sua peça debaixo do braço, busca a aprovação para encená-la. Ela corresponde à brasileiríssima "chanchada": termo genérico aplicado a qualquer comédia ou comédia musical brasileira dos anos 1940 e 1950 considerada ruim por se tratar de uma comédia boba pelo uso que faz de um humor escrachado, apesar de ela ser de agrado do público que aplaude e consagra o gênero no mundo inteiro.

Tókio, 1940: era a época da participação desastrosa do Japão na Segunda Guerra Mundial. Tsubaki faz então uma crítica divertida e corrosiva ao absurdo daqueles que exercem o abuso do poder inscrita na tradução da "comédia de costumes" dos círculos elevados e políticos, com acontecimentos e reviravoltas imprevisíveis. Ainda mais, usa o chiste que, como a mais social de todas as funções mentais, tem participado da desconstrução do cinismo universal ao desvendar o ridículo do outro.

No duelo, dentro da sala de interrogatório do departamento de censura, entre quatro paredes, o espectador vê o censor e o autor-comediante sentados um de frente para o outro, como é ainda no tribunal. Diante do confronto a respeito da peça, ele escuta os argumentos apresentados pelas duas partes em cada julgamento. Assim o censor insiste para modificar a peça, primeiramente por motivações políticas, e depois por divergências estéticas. O autor-comediante encontra o tom certo para o humor do texto que realmente melhora, ao reescrevê-lo seguidas vezes.

A peça muda pela sagacidade com que o autor-comediante, em sua luta de torná-la ainda mais engraçada, converte as exigências do censor nos chistes com jogos de palavras, trocadilhos e piadas que movem o riso, e muito – o riso de alegria ou de tristeza. Progressivamente, o censor, encarregado de injetar o teor patriótico nacionalista nos textos destinados a ser encenados na capital e de velar pelos bons costumes, é atraído pela astúcia do autor. Parece depois que ele vai aderir ao seu ponto de vista e chega até a comover-se. Por fim, a tensão aumenta... e como é tempo de guerra, a afronta não acaba bem.

O que acentua o efeito cômico da peça é o fato de o autor-comediante, fazendo jogo com palavras, explorar as contradições, o deslizamento de sentido. Até mesmo certa censura interior, consciente e inconsciente, é mobilizada neste uso dos procedimentos de deformação, deslocamento e condensação de linguagem, análogo à elaboração onírica: um desejo inconsciente impedido de emergir na consciência é revelado de modo disfarçado para não ser reconhecido por ela.

Não é essa a diferença entre o chiste e o humor? Sigmund Freud, em sua obra "Os chistes e sua relação com o inconsciente", de 1905, situa-os como as duas espécies do cômico "O chiste é a contribuição feita ao cômico pelo inconsciente"[154], diz ele. Enquanto que o humor é a contribuição ao cômico pelo supereu[155], como mandato do gozo. O chiste compartilhado ou o dito espirituoso repentino é assim elevado, na teoria psicanalítica, à categoria das formações do inconsciente. Há uma dimensão sociabilizada visto que ele implica três pessoas: o sujeito que graceja, aquele de quem se graceja e o ouvinte, aquele que desempenha o papel de terceiro. Esse garante, por seu riso, que nem tudo se reduza a uma intenção agressiva de desprezo por alguém, quando não de aversão ou de ódio como uma forma de desmitificar, de privá-lo de sua reivindicação de dignidade ou autoridade, nem se reduza a uma intenção obscena de desnudamento que equivale a tornar cômico. É, nesse aspecto, o riso em tempo de guerra mostrado por Hoshi a cada vez que ele enquadra como a comédia de Tsubaki arranca gargalhada da plateia do teatro popular, inteiramente lotado, com algumas piadas[156].

A encenação da peça dentro do filme, quando é objeto de uma nova leitura depois de ter sido reescrita, é a revanche do autor-comediante. O que torna a situação cômica é a inversão dos papéis. Ele dirige o censor, intérprete do policial, segundo suas exigências. O espectador experimenta um prazer patético ao ver a feição humana inesperada do censor, que ali está configurada no seu duplo papel. A maneira como a

---

[154] Freud, 1977, p. 236.

[155] Conferir Žižek, no livro *El acoso de las fantasias*, 1999, p. 174.

[156] Descartes, 1979, p. 261. O riso foi o objeto de inúmeros tratados pela primeira vez escritos na Antiguidade. Naquela época, o riso era coisa do demônio. Nas gerações seguintes, ao longo do século XVI, alguns pensadores combateram sua má fama e consideraram importante interessar-se seriamente pelo mesmo. O tema de *O nome da rosa*, de Umberto Eco, que gira em torno do riso, trata de um volume perdido de Aristóteles sobre a comédia e de uma discussão teológica erudita para saber se o Cristo riu alguma vez. Filósofos como René Descartes, em *As paixões da alma*, de 1600, ressaltam: "O riso parece ser um dos principais sinais de alegria". Charlie Chaplin transformou o riso na canção *Smile*.

comédia provoca o riso, e não o sorriso do cínico, é claramente uma arma fatal na liberação das amarras ideológicas da época da guerra. Tanto que a última exigência do censor é que seja uma comédia sem risada, devido à eficácia do riso para exprimir o desprezo pelo absurdo humano: a guerra.

A mãe, a amante, a morte
Mercador de Veneza

Mercador de Veneza [*The marchant of Venice*] é um filme de Michael Radford, adaptado da comédia *O mercador de Veneza* [*The merchant of Venice*], de William Shakespeare, escrita em 1596. Na obra do dramaturgo e poeta inglês, ela faz parte de suas raras peças que têm um final feliz; talvez uma trégua depois de tantas tragédias nas quais a vingança prevalece sempre. A dimensão cômica, criada na relação da ação com o desejo e no fracasso fundamental em alcançá-lo, inscreve a dramaticidade, sobrepondo-a ao gracejo, para desvelar o sentido tragicômico do desejo humano[157].

O diretor, utilizando a peça como veículo de características teatrais shakespearianas para o filme, mantém a narrativa original que reproduz o discurso da moral vigente no âmbito da lei. Os danos pessoais que não são passíveis de uma conciliação entre Shylock [Al Pacino] e Antônio [Jeremy Irons] representam perfeitamente o embate entre lei moral e justiça.

A versão cinematográfica traz figurantes saídos de telas de Velásquez, Rembrandt e Caravaggio misturados às personagens que dão vida à encenação de uma história de amor; Bassânio [Joseph Fiennes], um nobre veneziano que perdeu toda sua herança, planeja casar-se com Pórcia [Lynn Collins], uma bela e rica herdeira, e o seu amigo Antônio concorda em lhe emprestar o capital necessário, então Bassânio viaja até Belmonte, no continente, onde vive Pórcia.

Antônio é um mercador de Veneza e toda a sua fortuna está investida em uma frota de navios mercantes que navegam em águas estrangeiras.

---

[157] A estrutura da comédia *Mercador de Veneza*, de William Shakespeare, tem inspirado autores brasileiros, entre eles Ariano Suassuna, autor de *O auto da compadecida*, um clássico do humor adaptado por Guel Arraes, primeiro em uma minissérie de TV, e depois o filme *O auto da compadecida*.

Muitos deles estarão de volta, e, despreocupadamente, ele assina o contrato de empréstimo com o agiota Shylock [Al Pacino]. O agiota, que é judeu, concorda em lhe emprestar o dinheiro, desde que empenhe uma libra de sua própria carne [450 g] para ser cortada, segundo a peça, bem de junto do coração do credor, como garantia para que a justiça, isto é, a lei, seja feita, e porque ele vê nessa dívida a possibilidade de se vingar de quem o despreza.

Bassânio viaja até Belmonte. Lá recebe a notícia de que os barcos de Antônio naufragaram, de modo que ele perdeu toda sua fortuna, sua vida ficando agora nas mãos de Shylock. Além disso, ele descobre que deve ser submetido à prova dos três cofres, deixados pelo pai de Pórcia antes de morrer, pela qual o pretendente que escolhesse o cofre certo, o cheio de chumbo, ficaria com a noiva endinheirada. Os três cofres são cheios de ouro, de prata e de chumbo. O certo é o que contém o retrato de Pórcia[158].

Conforme mostrou a famosa polêmica jurídica da libra de carne, *the pound of flesh*, concentrada na figura do mercador de Veneza, o caso foi levado ao tribunal de Veneza para que ele definisse se a condição mesma devia ser executada. É quando Pórcia, já casada com Bassânio, decide ajudar secretamente Antonio. Travestida de advogado para defender o amigo de seu amado, ela entra no tribunal, vestida de homem, apresentando-se como Baltasar, jovem advogado. Oferece o pagamento do dinheiro para o judeu. Porém, Shylock recusa a oferta, afirmando que quer a libra de carne segundo o reconhecimento da corte porque a lei o permite; duas exigências diferentes, uma pertencente à ordem do real e a outra, ao simbólico.

Shylock deseja o real do corpo humano como tal. É o que significa a libra de carne. Ele exige o reconhecimento de que o corpo do judeu, como o corpo do cristão, é feito também de carne e osso – aviltado, ele sangra quando é espetado – pois é à matéria do corpo, e não às afinidades culturais, que ele apela nessa polêmica contra o antissemitismo.

---

[158] William Skakespeare não inventou o oráculo da escolha de um cofre, mas foi um grande intérprete. Ele o tirou de um conto oriundo da *Gesta Romanorum* – compilação de histórias medievais de autoria desconhecida, escrita no século XIV e que teve duas edições em inglês no século XVI – cujo tema é uma moça que escolhe entre três escrínios.

No filme, os personagens permanecem shakespearianos, no sentido de Jacques Lacan e Sigmund Freud, conforme irei ressaltar.

Lacan considera a peça uma das mais arrebatadoras de Shakespeare, por ter formulado uma reflexão sobre o antissemitismo como nenhum livro sagrado, nenhuma bíblia considerava até então. A palavra "judeu" deve desde então ocupar, apesar da consciência do antissemitismo, o papel que lhe cabe representar, isto é, de ser essa libra de carne no nível coletivo. Isso o relega com desdém ao que Lacan chama de resto, que é sempre quitado com a carne, ou seja, a dívida. Assim ele afirma:

> Nessa zona sagrada e, eu diria, quase proibida, que é mais bem articulada aí do que em qualquer outro lugar, não só articulada, mas também viva, e sempre carregada na vida desse povo, na medida em que ele subsiste por si na função que eu já enunciei, a propósito do *a*, como resto[159].

Freud retoma a peça em torno do tema dos três cofres. Nas diferentes culturas e suas mitologias, o cofre simboliza sempre a mulher. Há uma repetição do tema da escolha que o homem faz entre as três mulheres que escandem a existência humana: a mãe, a amante, a morte. O mesmo tema encontra-se na tragédia do *Rei Lear,* de Shakespeare, na qual o pai bem idoso, na escolha das três filhas, rejeita Cordélia, cujo amor escondido, silencioso, lhe é desconhecido; ela ama e se cala. Mas por que justamente a terceira, a que deveria ser eleita, é desprezada?

A conclusão de Freud é que a particularidade da mulher escolhida é o silêncio, a ausência da eloquência apaixonada, como Bassânio descreve em relação ao cofre de chumbo, que o leva a desdenhar os atrativos do ouro e da prata: "Tua simplicidade comove-me mais que a natureza espalhafatosa dos outros dois". "Ouro e prata são 'gritantes'; o chumbo é mudo."[160]

Freud explica também como o homem, pelo fato de sua submissão à lei inexorável da morte, inaceitável para ele, cria um mito derivado daquele

---

[159] Lacan, 2005, p. 242 [Lacan, 2004, p. 240].

[160] Shakespeare, *apud* Freud, 1969c, p. 371.

das Parcas, no qual a Deusa da Morte é substituída pela Deusa do Amor. Ela possui certas características que beiram o sinistro, a partir do qual se pode sentir a morte que está subjacente. No caso da peça *O mercador de Veneza*, Pórcia é a mais sábia e a mais bela, e no *Rei Lear* Cordélia é a única filha fiel. É porque, aliás, ela tem o papel da amada, que representa *das Ding*, a Coisa, exaltada no sentido do amor cortês pela Dama à qual o acesso é acompanhado de provas impostas ao seu servidor.

Em outras palavras, a Deusa do Amor escolhida é a Deusa da Morte. Sua preferência é a causa do desejo, por meio do que muitos homens não podem desejar a mulher que eles amam, ou amar a mulher que desejam, porque a escolha recai sobre a Mãe interditada. É aí que Shakespeare interpreta os assuntos do coração – e esses assuntos, filmados, interessam sempre.

A SUTURA

O ano em que meus pais saíram de férias, de Cao Hamburg
Eros [*Eros*]: *O fio perigoso das coisas* [*Il filo pericoloso delle cose*], de Michelangelo Antonioni, *A mão* [*The hand*], de Wong Kar-Wai, *Equilíbrio* [*Equilibrium*], de *Steven Soderbergh*

Presença da ausência
O ano em que meus pais saíram de férias

Há relatos cinematográficos em que o mais sedutor não é visível na cena, pois que constitui uma ausência estruturante que dá as coordenadas da subjetividade moderna. O que torna invisível – usando uma metáfora escópica – é o que na ação concreta não pode se mostrar por causa das necessidades mesmas do drama que se desenvolve. Em *O ano em que meus pais saíram de férias*, Brasil, 2006, o diretor Cao Hamburg constrói a trama em torno de um invisível, um branco inexplicável, ou, mais precisamente, um não dito que ocorreu durante o passado bárbaro nos anos de chumbo em que vivíamos sob a ditadura militar. Dessa forma, ele representa um real existente enquanto ausentado.

O filme retoma alguns dos acontecimentos depois que uma série de perdas irreversíveis é sofrida por um garoto de doze anos, Mauro [Michel

Joelsas], quando ele é separado de seus pais exilados, sem saber o que se passa durante a repressão no Brasil em 1970.

No momento de instabilidade da transição da infância para a adolescência, os pais ativistas de Mauro vão para a guerrilha e o deixam com parentes distantes. Eles não aparecem em *flashback*, mas estão presentes em cada cena. São eles que regem os personagens. Como a finalidade do exílio deve permanecer misteriosa, o filho é obrigado a ficar sob a guarda de Shlomo [Germano Hauit], vizinho do seu avô [Paulo Autran] que morre – outra ausência – no mesmo dia em que, vindo de Belo Horizonte para São Paulo, foram levados ao seu encontro. Shlomo e o avô são judeus moradores da comunidade judaica do bairro Bom Retiro, em São Paulo, que ficou famoso por ter acolhido tanto emigrantes do Nordeste, em meados da década de 60, como europeus, principalmente italianos, que representam os estranhos estrangeiros vindos de fora.

Shlomo, no papel de substituto do pai, o que, de certo modo, lhe fora imposto pela contingência do regime militar de exceção, passa a tratar Mauro como um filho. Sua excepcional função dá-se então no ato da transferência paterna, no jogo de substituição ou de transferência, graças ao qual Mauro se apropria de sua estória.

Por conseguinte, na narrativa, a longa ausência dos pais, porque eles optam pela causa histórica da luta armada contra a ditadura militar, é coerente com a realidade da época, mas também com a saudade; a presença na ausência que estrutura a construção dramática do filme. Ela traz à tona a dinâmica da transferência, tal como é proposta por Sigmund Freud, em 1912, e retomada por Jacques Lacan em "Intervenção sobre a transferência", de 1951: a transferência observada em situações diversas da relação humana; só que cada um fica preso em sua transferência e o lugar do intérprete não é organizado – intérprete que é encarnado, no dispositivo analítico, pelo psicanalista, considerado por parte do analisando como "sujeito suposto saber": um sujeito que sabe o verdadeiro significado do seu ato.

O feito afetivo da presença na ausência em que o garoto fica cativo, ao qual ele está suspenso, constitui-se como o melhor meio de preservar a perda dos pais para mantê-los vivos. Não há narração das cenas do golpe de Estado, nem das atrocidades cometidas sob o regime militar. Há, sim, o tema da transferência de amor, que circunscreve as estratégias de sobreviver em meio às repressões sob o governo do general Emílio Garrastazu Médici e faz do mundo infantil o ponto pivô em torno do qual o diretor articula os vários mundos dos adultos.

Simultaneamente, o filme desenvolve uma crítica à ideologia do totalitarismo, crítica construída na forma brechtiana voluntariamente esquemática e abstrata da dramatização. Mas o que Bertolt Brecht tem a ver com isso?

Nas peças de teatro, filmadas e encenadas pela trupe Berliner Ensemble – *Os fuzis da senhora Carrar*, em 1949, e *A mãe*, em 1958, *Mãe coragem e seus filhos*, em 1961–, o dramaturgo alemão, que revolucionou o teatro com a dramaturgia cênica aberta às variações, joga uma bomba no mundo, sem mostrar cenas da guerra. Impulsionado pela função revolucionária da mãe, tanto nas relações pessoais em família, quanto nas causas sociais, faz da encenação um ato político de luta das massas. Tanto que foi ligado a uma política panfletária. Mas também porque escreveu peças "manifesto" sob a ditadura de Hitler no nazismo dos anos de 1930 e 1940.

No caso do filme brasileiro, o garoto é mais um errante no mundo dos adultos ao seu redor: a comunidade eskhenazi, o movimento estudantil, a campanha de propaganda nacional durante os sete anos de "ame-o ou deixe-o", sob a ditadura militar. Ele não consegue perceber que algo acontece senão pelas mentiras, pelo sumiço dos pais, supostamente mortos. A vida continua camuflando e ignorando os fatos mediante a mistura da ameaça da ditadura com a expectativa da Copa do Mundo de 1970, quando a seleção brasileira, dos jogadores Pelé, Tostão e Rivellino, terminou conquistando o tricampeonato de futebol no México.

Este é certamente o funcionamento da "falsa consciência" predominante na "ideologia" ressaltada por Slavoj Žižek, desse modo:

> A ideologia não é simplesmente uma "falsa consciência", uma representação ilusória da realidade; é, sobretudo, essa realidade que deve já ser concebida como "ideológica" – a ideologia é uma realidade social cuja existência implica o não conhecimento de sua participação no que concerne a sua essência –, isto é, a eficacidade social, cuja re-

> produção mesma implica que as pessoas "não saibam o que fazem". "Ideologia" não é a falsa consciência de um indivíduo [social], mas é esse mesmo indivíduo na medida em que ele está sustentado pela "falsa consciência"[161].

Como sutura da ausência dos pais, o filme consta da encenação de sua falta com a fantasia de transformar a impossibilidade da sua presença em uma possibilidade proibida. Desse modo, mantém a força hegemônica da promessa revolucionária. Para equacioná-la, uma das estratégias apresentadas pelo diretor é quando Mauro, juntamente com uma turma de meninos, espreita secretamente as moças experimentando roupas.

Por um buraco furado na parede de um provador, em um lugar escondido, os meninos têm de pagar a entrada para assistir à cena. O olhar direcionado para o corpo feminino despido, visto como objeto incestuoso, impossível de ser alcançado, permite ao espectador ser testemunha do segredo da mãe proibida [Helene Weigel]. Depois, a imagem da mãe viva aparece ao final do filme, desacompanhada do pai, que não voltará mais. Assim, ela acalma os olhos de Mauro, que não parou de ver a imagem do rosto materno.

O diretor assegura então ao texto fílmico o significante da Mãe Coragem, a ávida personagem de Brecht que atravessa o campo de batalha com os seus filhos e a carroça de mercadorias. Como viver dentro da máquina destruidora e evitar ser destruído pela compensação financeira da guerra?

É uma pergunta que a peça levanta e não seria ilógico trazê-la para o filme nesse registro da realidade brasileira. Na medida em que, regulado por uma ficção simbólica, ele mostra o real de uma luta, consagra os militantes que combateram a ditadura militar no Brasil e acabaram assassinados ou exilados, além do fato de ampliar as possibilidades do cinema de se reconciliar com o tempo, ao atualizar a história de uma geração que nasceu e cresceu na sombra dessa ditadura.

---

[161] Žižek, 2003a, p. 329.

A mulher como objeto do desejo
Eros

O filme *Eros* [*Eros*], consagrado a Michelangelo Antonioni e que ganha uma canção de Caetano Veloso, pode ser visto como um livro de belas fotografias segundo sugerem as imagens da literatura erótica tradicional com as quais ele é ilustrado.

Esse filme coletivo é composto de *O fio perigoso das coisas* [*Il filo periculoso delle cose*], do diretor Michelangelo Antonioni, *A mão* [*The hand*], do diretor Wong Kar-Wai, *Equilíbrio* [*Equilibrium*], do diretor Steven Soderbergh, três curtas-metragens. Determinados por razões estéticas distintas, os diretores trazem uma representação da mulher como objeto causa do desejo produzida pelo olhar no fundamento do Eros platônico.

O fio perigoso das coisas, do próprio Antonioni, mostra as referências que fazem ao cineasta italiano os dois outros diretores, o asiático Wong Kar-wai e o americano Steven Soderbergh.

Expoente de uma cinematografia fantástica que apareceu na Itália a partir dos anos quarenta, Antonioni elevou o cinema a níveis extraordinários de criação, mas veio na contramão da escola neorrealista italiana do pós-guerra, com a questão, que me parece central em sua obra, da dúvida sobre o que é real ou não, da busca pelos personagens do que resta de suas experiências passadas.

Ao contar como lhe veio a ideia original do filme *O fio perigoso das coisas*, adaptado de um dos contos do livro *O fio perigoso das coisas e outras histórias*, escrito por ele próprio, Antonioni escritor explica o método do Antonioni cineasta.

Primeiro Antonioni descreve a recordação de uma "jovem mulher" que tinha uma irmã alguns anos mais velha; essa jovem mulher tinha sido concebida por pais com idade avançada – o pai tinha sessenta e nove anos e a mãe cinquenta –, sua irmã tornou-se seu único mundo familiar. Na morte da irmã, a jovem mulher ficou tão aprisionada em uma sensação de solidão, de vazio interior tão grande e de perda, como se uma parte dela mesma tivesse sido arrancada, que partiu à procura de outra pessoa que pudesse substituí-la. Já a posição da "mulher" é diferente. Ela não se ilude com relação à jovem. Sente nela uma resistência e dispõe-se então a fazer sua vontade.

Depois de ter concretizado uma ideia que inicialmente lhe tinha ocorrido de maneira inconsciente, pela associação livre, como na escrita automática, Antonioni escreve o argumento: "Duas mulheres amaram em momentos diferentes o mesmo homem, [...] que assim torna-se a razão de seu vínculo, tão profundo quanto o que elas tiveram com ele. Nenhum ciúme retrospectivo. Somente amizade. O sentimento mais límpido e mais problemático de todos"[162]. Quando, finalmente, ele atribui um sentido à trama entre as duas mulheres, a jovem enamora-se da outra porque seus traços coincidem com os da irmã mais velha.

A encenação da relação, ao mesmo tempo fraterna e amorosa, entre as duas irmãs, interpretadas no filme por Regina Nemni e Luisa Raniere, configura uma complexidade. Antonioni enquadra-a na rede de relações interpessoais e intersubjetivas como a psicanálise teoriza: quer dizer que cada um de nós, identificado a certo lugar fantasmático na estrutura simbólica do outro, ocupa a Outra Cena, uma das metáforas utilizadas por Sigmund Freud para qualificar o inconsciente. Nesse enquadramento, ele acentua a fantasia dos homens errantes perdidos no nevoeiro de mulheres sempre substituídas, pessoas desaparecidas ou mortas, e soturnas.

Em relação ao desaparecimento das mulheres, a psicanalista Joëlle Mayet Giaume dividiu a obra de Antonioni em dois tempos[163].

Em um primeiro tempo, o cineasta investe nos sentimentos vividos pelas mulheres em uma confusão de papéis, uma incorporação do homem pela mulher. Paradoxalmente, na tela as mulheres que desaparecem significam o preço a pagar pelo personagem masculino para preencher a falta.

Em um segundo tempo, o cineasta trata de maneira mais sutil a temática do desaparecimento, conduzindo seu personagem masculino a retornar ao real fundador do indizível e do invisível.

Para Giaume, em *O eclipse* [*L'eclisse*], de 1962, e o *Deserto vermelho* [*Il deserto rosso*], de 1964, Antonio tentou resolver esse sintoma, oferecendo às

---

[162] Antonioni, 1983, p. 130.

[163] Conferir Giaume, no livro *Michelangelo Antonioni – Le fil interieur*, 1990, p. 79.

suas personagens femininas reaver sua liberdade, seu equilíbrio. Em *Depois daquele beijo* [*Blow-up*], de 1966, um filme de ruptura, essa problemática se torna mais metafísica. E em *Passageiro, profissão repórter* [*Professione: Reporter*], de 1974, ele atinge o horror da pulsão de morte e a vertigem do desejo, perfeitamente enquadrados do lado do personagem masculino e não mais do personagem feminino com seus banais desaparecimentos.

É preciso observar que a ausência das mulheres é uma ruptura da atividade masculina, que tenta depois compulsivamente reparar esse corte traumático. Nesse sentido, Giovani, em *A noite* [*La notte*], e Sandro, em *A aventura* [*L'avventura*], que Antonioni rodou mais ou menos na mesma época, são reveladores da potência da ausência em sua concepção estética. Ausência que Roland Barthes compara ao vazio de Matisse. "Matisse descobria assim o princípio da arte oriental que quer sempre pintar o vazio, ou melhor, que apreende o objeto figurado no momento raro onde sua plena identidade cai bruscamente em um novo espaço, aquele do interstício"[164].

Dessa maneira, Antonioni utiliza o que Pascal Bonitzer[165] chama "plano vazio", o plano desabitado. Chegar ao figurativo faz parte do seu engajamento artístico, em uma aventura cujo termo é o eclipse do rosto, a supressão dos personagens desaparecendo sem deixar traço, a perda de si mesmo. Assim, em *Deserto vermelho* e *Zabriskie Point* ele está impulsionado pelo "desejo deserto"[166]. Em *Passageiro, profissão repórter*, um *travelling*, no final, desliza pelo campo vazio, no limite do não figurativo como imagem-movimento da ausência, da morte.

Com planos saturados de significação que fazem do vazio uma ação tensa e que implicam o uso elaborado de pausas cheias de significado, Antonioni constitui o espaço dramático fantasmático. Para obtê-lo, ele joga com a dialética da visão e do olhar.

Em *O fio perigoso das coisas*, a cena fascinante atrai o olhar daquele que vê de fora, através do enquadramento, constituindo-se como a realização fantasmática citada acima. Isso tem lugar no restaurante onde a jovem

---

[164] Barthes, *apud* Giaume, 1990, p. 23.

[165] Bonitzer, 1976a, p. 88.

[166] Bonitzer, 1976b, p. 157-159.

observa, através das vidraças, a mulher montada nos cavalos que, quando ela era criança, pertenceram ao pai dela, segundo Antonioni[167]. Assim ele provoca a mais íntima fantasia, a de ser observado.

O que Antonioni articula nessa relação do olhar ao que é mostrado e escondido, com o que se quer ver ou não, são os jogos de aparecimento, desaparecimento, substituição, tendo como pano de fundo o amor, a ruptura e a morte, característicos do cineasta.

Em *A noite*, Lidia [Jeanne Moreau] flagra o marido Giovani [Marcello Mastroianni] com outra mulher, que tomou seu lugar enquanto ela havia desaparecido. A dimensão de um afrontamento real, dramático, torna-se então uma espécie de jogo entre enquadramentos objetivos e pontos de vista subjetivos. "Além de teu rosto, eu vejo alguma coisa de mais pura e mais profunda, onde eu me refletia". Dado que Lídia observa o marido, a ideia é que "eu sou o objeto do olhar de alguém", o olhar impossível que sobrevém do Outro, mostrado no plano seguinte, de Giovani olhando Lídia.

Também no conjunto dos outros filmes de Antonioni, essa inversão ver/olhar se produz com o espectador quando ele se reconhece como interpelado. Há sempre um ponto de onde a tela lhe devolve o olhar. No que o espectador olha, ele não é apenas aquele que olha, pois se torna o sujeito de uma fantasia, confundido com o objeto que é olhar, ou seja, o olhar como objeto que substitui o olhar que olha não é simplesmente o ver desde o campo circunscrito da visão, mas o olhar que surge entre a imagem e o sujeito[168].

O cinema de Antonioni é, em última instância, um exemplo da não sutura do campo do ausente como campo do imaginário do filme, constituído da ausência e da presença. Isso faz com que o cineasta seja considerado um mestre dos silêncios e dos vazios que, contrariamente ao que se poderia imaginar, são plenos de significação. Tanto na forma quanto no conteúdo, eles servem à conexão entre o olhar do espectador e a encenação.

---

[167] Antonioni, 1983, p. 126.

[168] Conferir Lacan, no seminário *Les quatre concepts fondamentaux de la psychanalyse*, 1973, p. 64-73 [Ed. port.: *Os quatro conceitos fundamentais da psicanálise*,1979].

No segundo episódio de *Eros – A mão*, rodado em Hong Kong – o diretor Wong Kar-wai arrebata o espectador com lições de charme e de finura poética. Ele é autor de um cinema radical e inventivo que moderniza o cinema novo dos anos 60 na contemporaneidade. Às desacelerações das sequências agrega um formalismo de cores. Combina com elegância sua obsessão pessoal pelo enquadramento e o movimento lento da câmera, em uma homenagem ao mestre italiano Antonioni, igualmente obcecado pelo enquadramento.

Na trama, a morte e o sublime aparecem com toda sua força. É uma espécie de versão do tema dominante do amor de perdição que tanto encantou o século XIX. No filme, o mesmo tema é vivido em plenos dias atuais por um jovem alfaiate, Zhang [Chang Chen], apaixonado por uma prostituta de luxo, Miss Hua, interpretada por Gong Li, para quem ele confecciona deslumbrantes vestidos.

É uma cortesã que, durante o período de sua decadência, está à beira da morte. Embora o termo tuberculose não apareça, ela apresenta os sintomas da doença e a tristeza inelutável da obra de arte do escritor Alexandre Dumas, *Dama das camélias*. Desvelada, ela é o inalcançável objeto incestuoso que encarna o gozo inacessível[169]. Ela aparece, então, elevada ao nível da Coisa, a Coisa designada por Jacques Lacan com a expressão alemã *das Ding*.

O efeito poético da cena em que Zhang coloca a mão por dentro do vestido de Miss Hua é como se ele a reinvestisse do desejo, do gozo prometido. Isso termina por mostrar que o filme não acredita tanto assim na doença que ele precisa desmentir até a morte, para que ela fique bela. Em síntese, é um filme-fetiche.

Equilíbrio, de Steven Soderbergh, é o episódio de *Eros* mais divertido. Por meio de um jogo de campo e fora de campo, ele mostra durante uma seção psicanalítica Nick Pnrose, interpretado por Robert Downey Jr., um publicitário agitado que conta os sonhos eróticos recorrentes que ele tem com uma mulher familiar, de quem não consegue lembrar o rosto assim que acorda. Enquanto isso, o psicanalista Dr. Pearl, interpretado

[169] Conferir Lacan, no seminário *A ética da psicanálise*, 1997, p. 148.

por Alan Arkin, está fascinado com outra cena, que se passa do outro lado prédio, fora da visão do espectador. É como no caso do personagem L. B. Jeffries [James Stewart] do filme de Alfred Hitchcock, *Janela indiscreta* [*Rear Window*], que se contenta em exercer seu poder analítico tal qual um *voyeur* legítimo através da janela, fascinado pelo que acontece no misterioso apartamento do outro lado do pátio.

A partir dessa relação ambígua entre o analisando e o analista, o diretor dá o tom cômico a esse episódio; ele faz também brincadeiras cinematográficas com as mudanças de cor em preto e branco, marrom, azul.

Eros oferece, portanto, uma versão do amor que Lacan define assim: o amor é dar qualquer coisa que não temos. Isto porque tanto o amado como o amante são faltantes, ou seja, algo falta aos dois. Aí reside o objeto de desejo. Esse é também o ponto em comum dos três episódios: o amor é uma metáfora no sentido de ser uma substituição na qual o significante da falta é substituído pelo objeto amado.

A TEMPORALIDADE E O DESEJO

Time – o amor contra a passagem do tempo [*Shi gan*], de Kim Ki-duk
Vértigo [*Um corpo que cai*], de Alfred Hitchcock

Do tempo, da imagem, do outro
Time – o amor contra a passagem do tempo e *Um corpo que cai*

Entre os aspectos que caracterizam nosso tempo, existe um que, nesta época narcísica de intervenções radicais no corpo, pretendo destacar: a identidade. Ela é expressa pelo ideal imaginário de tudo aquilo que pode marcar o corpo, afligindo-o de diferentes maneiras, quer se trate de cirurgia estética, de *piercing*, de tatuagem, porém também de automutilações, ou outras manipulações.

A propósito, *Time – o amor contra a passagem do tempo* [*Shi gan*], do diretor coreano Kim Ki-duk, mostra como uma mulher oriental obtém a aparência de uma ocidental depois de uma cirurgia plástica, por causa, provavelmente, do fato de que a Coreia do Sul é atualmente o país onde cada vez mais mulheres jovens se submetem a cirurgias plásticas, estéticas ou cosméticas.

Kim Ki-duk transporta para a tela uma determinada defasagem entre imagem e realidade, em referência à atual "cultura do narcisismo", que tem como corolário o culto do corpo, sinal do estranhamento do sujeito em relação à representação imaginária de si próprio, a imagem especular. Refiro-me à lógica do espelho e não ao objeto concreto. Lógica que dá às coisas um espaço exterior ao espelho transplantado, onde se multiplicam as identidades e se misturam as diferenças. É, neste sentido, o domínio da identificação especular com uma imagem imutável, a identificação imaginária que dá forma ao eu. Um lugar insondável do qual nunca se pode saber nada, mas no qual se pode perpassar ficcionalmente, através do tempo, a imagem do outro.

No desenvolvimento da trama em que, com o passar do tempo, as pessoas se entediam umas das outras porque perdem o interesse amoroso, Kim Ki-duk encena em particular a estória de uma mulher ciumenta, Seh-hee [Sung Hyun-ah]. Ela está decidida a sofrer uma cirurgia, convicta de que, depois de ter copiado os traços de uma mulher ocidental, continuaria a ser atraente para seu amado Ji-woo [Ha Jung-woo].

Dentro desse enquadre, o diretor torna surreal a forma visual da imaginação do espaço. Ele utiliza também o argumento de que, como na tragédia clássica, as consequências do ato do herói escapam ao seu alcance e ao seu conhecimento. Se em *Primavera, verão, outono, inverno e primavera*, de 2003, o diretor havia subjetivado a passagem das estações com uma sucessão circular do tempo, subordinando o passado e o futuro ao presente, que precede o passado e anuncia o futuro, em *Time* ele rompe a roda do tempo, chegando, na divisão do tempo lógico de Jacques Lacan, a proceder semelhante às três modulações possíveis: o instante do olhar, o tempo para compreender e o momento de concluir[170].

Segundo Lacan, no instante do olhar "vê-se o valor *instantâneo* de sua evidência e seu tempo de fulguração"; no tempo para compreender "a

[170] Lacan, 1966, p. 197-213 [Lacan, 1998, p. 197-213]. O artigo "Tempo lógico e a asserção de certeza antecipada – um novo sofisma" [1945], primeiramente publicado no *Caderno de arte* por Christian Zervos, é reeditado nos *Escritos*.

evidência deste momento supõe a duração de um *tempo de meditação*"; o momento de concluir é "uma *asserção sobre si*, pela qual o sujeito conclui o movimento lógico na decisão de um *julgamento*". Lacan acrescenta que o tempo para compreender pode reduzir-se ao instante do olhar, mas esse olhar, no seu instante, pode incluir o tempo que é preciso para compreender. Uma vez passado o tempo para compreender, o momento seguinte, de concluir, é o momento de concluir o tempo para compreender.

O primeiro momento, o instante do olhar, corresponde à primeira parte do filme, que encena a cirurgia plástica com imagens de forte impacto visual. Encontra-se aí o contexto da hiper-realidade na fantasia, cujo teor perturbador deve-se, sobretudo, ao fato de se assistir à intervenção no rosto de Seh-hee.

A segunda parte, o tempo para compreender, é um momento intermediário, o do sumiço de Seh-hee para se submeter secretamente à cirurgia plástica, pela qual modifica intensamente seus traços faciais. Ela abandona tudo e reaparece na vida de Ji-woo meses depois, tentando reconquistá-lo, com o rosto escondido atrás de um véu. Desencadeia-se então uma série de catástrofes consecutivas: primeiro, ele se apaixona pela nova imagem de sua namorada; depois, ele sofre um acidente, fica com o rosto deformado e deve também ser operado.

Na parte final, o momento de concluir, quando se vê todo o processo retroativamente, desde seu resultado, o casal acaba finalmente por se reencontrar. Ambos apresentam os rostos operados que disfarçam suas caras verdadeiras e por isso tornam-se estranhos a eles mesmos. A nova See-hee é a mesma Seh-hee anterior, com apenas uma letra modificada no seu novo nome. Aí, sua certeza é: ele prefere a outra. Trata-se do objeto que se dá a ver só depois, lido também só depois. Em suma, uma retroação não ao que já estava lá desde o começo, predestinado a acontecer, mas ao que só aparece ao ser configurado: o objeto real. Por esse caminho que o filme faz na sucessão desses três momentos, o que segue depois do tempo de conclusão em que See-hee é reduzida ao abjeto depreciado, são os desentendimentos e as brigas pelo fato fatídico da conclusão catastrófica: sua transformação na imagem de outra mulher, com o nome See-hee, é causa do desinteresse de Ji-woo pela relação amorosa.

A trama policial clássica *Um corpo que cai* [*Vertigo*], de Alfred Hitchcock, é uma versão mais trágica de uma mulher que se apresenta como outra e se transforma no abjeto. No filme, Scottie [James Stewart], um detetive que sofre de agorafobia, contratado para vigiar Madeleine [Kim Novak], apaixona-se por ela. Na sua busca da Mulher perdida, supostamente morta, ele se apaixona por Judy Barton, uma mulher que parece com Madeleine. Tenta reencontrar nela a imagem da morta, pela cor dos cabelos, pelas roupas, pelo penteado. No entanto, é a mesma mulher, aquela cujo suicídio tinha sido trucado, o que o leva à denegação fetichista. Ambas são falsas, porém verdadeiras quanto às consequências de seus atos, mostrando que a fantasia rege a realidade. Madeleine é, portanto, alteridade radical.

Em *Time*, os acontecimentos decorrentes têm uma conotação distinta da morte, mas também nele só o próprio final, retroativamente, confere a consistência de um todo orgânico aos acontecimentos anteriores. A verdadeira significação da estória pode então ser reconhecida pelo encadeamento dos acontecimentos vistos de trás para frente, desde o começo até o fim.

Lacan assinala a dimensão da alteridade em seu seminário sobre a psicose.

> [...] é que o outro está ali como o Outro absoluto. Absoluto, quer dizer, que ele é reconhecido, mas que não é conhecido. [...] É essencialmente esta incógnita na alteridade do Outro o que caracteriza a relação de palavra no nível em que ela é falada ao outro[171].

Aí reside a proximidade com a Coisa, *das Ding*, que se pode buscar somente nas vias do significante, que pode ser somente representada no campo do Outro e unicamente como outra coisa[172]. Isso quer dizer que por debaixo de meu semelhante, minha imagem especular, encontra-se sempre o acesso ao insondável abismo da alteridade radical que não pode ser do-

---

171 Lacan, 1985, p. 50 [Lacan, 1981, p. 48].

172 Conferir Lacan, no seminário *A ética da psicanálise*, 1997, p. 148-149.

mesticada[173]. São algumas das questões que o tema da aparência implica neste filme estranho, porém instigante.

O SEXO SEM COMPROMISSO

Na cama [*En la cama*], de Matías Bize, e *O império dos sentidos* [*Ai no korrida*, [*Corrida* [*tourada*] *do amor*], de Nagisa Oshima
Má educação [*La mala educación*] versus *Fale com ela* [*Hable con ella*]
Kika [Kika], Ata-me! [Átame!], de Pedro Almodóvar
Baixio das bestas e *Amarelo manga*, de Cláudio Assis

Motel
Na cama e *O império dos sentidos*

No filme *Na cama* [*En la cama*], dirigido pelo cineasta chileno Matías Bize, o sexo não é só audiovisual como na abertura. A trama apresenta algo diferente de uma representação tradicional do ato sexual que nada tem a ver com a ilusão do desejo, mas com a hiper-realidade das imagens, no gênero de um filme pornô barato em que nada resta por desejar. Após o encontro casual entre dois desconhecidos, o filme acompanha o jovem casal discutindo a relação em um quarto de motel. Há uma alternância entre os diálogos e as cenas de sexo, entre uma relação sexual e outra durante uma única noite, enquanto que uma relação amorosa parece se desenvolver. Pelo abandono ao encanto do desconhecido, acontece o encontro em que tudo se passa aqui e agora, tudo é temporário, tudo é instante e, como tal, volátil – e mais, a mulher é objeto de fascinação perigosa.

---

[173] Žižek, 2002, p. 189. Segundo Slavoj Žižek, a questão do "outro", submetida a uma análise que revele seus aspectos do imaginário, do simbólico e do real, pode fornecer o caso melhor definido da noção lacaniana de "nó borromeano" que une as três dimensões, o real, o simbólico e o imaginário. Há o "outro imaginário", outra gente como eu, existente; o "Outro real", a Coisa impossível, o parceiro inumano, meus semelhantes humanos com os quais participo nas relações especulares de competência, reconhecimento mútuo e outras; e o "Grande Outro" simbólico, a substância de nossa existência social, a rede impessoal de normas que coordenam nosso parceiro com o qual o diálogo simétrico não é possível sem ser mediado pela ordem simbólica.

Devo admitir que em *Na cama* Bize não faz uma encenação da relação entre o erotismo, o sexo e o esgotamento do desejo que seja tanto ou mais audaciosa do que aquela que faz *O império dos sentidos*, de Nagisa Oshima. Considerada uma obra-mestra da filmografia erótica, esse filme continua, mais de trinta anos depois de ser lançado na França em 1976, a surpreender. Seu impacto no público estrangeiro veio, sobretudo, do uso de uma linguagem que não é pornográfica, não fica na mera ilustração do sexo, nem na mera excitação sexual. Tudo parece opor os dois filmes.

O filme oriental é radical, na medida em que leva um jogo erótico entre os parceiros até o esgotamento que pode chegar a existência humana. Repetição e obsessão se consomem durante o encontro dos dois personagens, engaiolados, de modo a Kichizo, Ishida [Tatsuya Fuji], deixar-se levar por Sada, Abe [Eiko Matsuda], no excesso de sua possessibilidade. Aí ele entra em uma canoa furada. Ela o enforca com um laço de seda para que eles cheguem até o fim do êxtase do ato sexual, e a pulsão de vida se precipita na pulsão de morte no sexo cortado e sangrento.

O filme ocidental, com os corpos malhados dos belos protagonistas latino-americanos, Daniela [Blanca Lewin] e Bruno [Gonzalo Valenzuela], apresenta todos esses ingredientes de agressividade, mas tenta pacificá-la brincando com os travesseiros da cama. A oposição inconciliável dos dois termos que são o interdito e a transgressão, no erotismo inseparável da violência, não tem nem a composição de um argumento contundente e tampouco é excessivo. Tudo é simples e leve.

No entanto, há pontos comuns entre os dois filmes.

O casal está engaiolado, no caso de *O império dos sentidos* em uma hospedaria no Japão pré-guerra e em *Na cama* em um motel em Santiago, no Chile. Ambos os lugares, a hospedaria e o motel, são espaços fechados, com possibilidades de explorar o voyeurismo do espectador ao poder tocar os corpos nus com os olhos. Embora a situação central seja claustrofóbica, o que é fundamental para a impressão de intimidade, a relação sexual encontra-se exposta – ou através da câmera instalada no quarto do motel que registra os momentos na cama em que Daniela e Bruno transam, ou através das frestas nas portas de correr da hospedaria enquanto Kichizo e Sada fazem amor –, possibilitando uma abertura para o mundo exterior.

A partir desta perspectiva, no jogo erótico pela sedução dos parceiros repletos de manipulações e expectativas, eles se apagam já despidos de suas roupas e de sua identidade, até chegar à fusão de corpos semelhantes ao vai e vem das ondas que se penetram e se perdem umas nas outras. Isso tem tanto uma dimensão imaginária quanto a ideia do erotismo que Georges Bataille[174] chama "erotismo dos corpos" como prolongamento do "erotismo dos corações". Há momentos em que nunca se chega a descobrir se o que um parceiro confidencia ao outro é verdade ou mentira, como aquele, por exemplo, do casamento marcado de Daniela com seu noivo violento e o namoro em crise de Bruno. Mas importa menos saber da realidade do que se perder na ilusão do encontro.

Na cama está, portanto, conectado com o que se opõe à liberdade da atividade erótica, ou seja, o interdito no nascedouro do erotismo, mas não com a vida e a fascinação da morte que o erotismo implica. Nisso ele se distancia de *O império dos sentidos* que, ao contrário, desemboca na morte. No fato de acentuar sentimentos que na retórica atual adquiriram um peso definitivo, mas que, em realidade, são frágeis, reversíveis, não é difícil sentir certo retrocesso. *Na cama* indica uma tendência que o cinema moderno pode impor: a tendência de se adaptar ao modo de vida do deixa como está para ver como é que fica, da ausência de compromisso, da falta de interesse pelo que se passa no resto do mundo.

A perversidade com amor e ternura
Má educação versus *Fale com ela*, *Kika* e *Ata-me!*

Má educação [*La mala educación*], de Pedro Almodóvar, não é um filme de desvelamento. Ao contrário. O real aparece travestido. Há um assassino na estória "dentro da estória": é o ator Angel/Ignácio travestido como Zahara [Gael García Bernal]. Este ator protagoniza no filme rodado pelo diretor Enrique [Raul Garcia Forneiro] que recebe de Ignácio um roteiro baseado em suas recordações da infância.

---

174 Bataille, 1987, p. 212.

É nesta volta ao passado que Almodóvar traduz a cena originária: cena fantasmática ou real, na qual ele testemunha o amor pecaminoso entre o pequeno Enrique e Ignácio. Amor que é censurado pelo padre Manolo, diretor da escola onde eles estudam.

O tema que aparece, então, em *Má educação*, é o abuso sexual de um religioso de *hábitos* perversos, que é obcecado por um dos garotos. É o olhar do cineasta espanhol dissecando a perversão, o corolário da religião. Entretanto, diferentemente de outros filmes, o exercício de metalinguagem, que ele desenvolve com base nas estórias que ouviu em seu colégio jesuíta quando menino, não mescla ternura e dor com a perversidade que espreita os personagens.

Com a encenação de um fratricídio, *Má educação* vira um *thriller* policial sobre travestis[175]. Ele não está à altura do talento de Almodóvar que, desde meados dos anos noventa, só fazia produzir, filme após filme, um trabalho melhor do que o outro. Nem está também à altura do que esperam a crítica e seus fãs, que eram estimulados por seus filmes precedentes a achar graça em um estupro, a vibrar com um rapto, a divertir-se com o grotesco à beira de um ataque de nervos, a dar boas risadas com ninfomaníacas e freiras dissidentes, as "redentoras humilhadas", que traficam e admitem toda ordem de relações sexuais, sem que isso choque até mesmo um público conservador.

O polifilético criador, amante do pastiche, logrou no gênero do melodrama cruzar eficientemente astúcia e *kitsch* com uma profunda reflexão contemporânea na qual os prazeres da sexualidade feminina ocupam um lugar privilegiado. Com sua dramatização cômica, cenas humorísticas são introduzidas para retirar a brutalidade dos hábitos que ele narra, acentuando o amor e o desejo puro (não é por acaso que sua produtora chama-se *El deseo*). Misturando o angelical com o vulgar, o provocante com o encantador, ele encontrou a alquimia entre a ironia e a ternura em *Kika* [*Kika*], de 1993. Mistura também o assassinato, o estupro, o ciúme, o incesto, o voyeurismo, os traumas sexuais, o lesbianismo, a catalepsia. Já em *Ata*-me! [*Átame!*] [1989] faz uma obra-prima imbricando inocentes e pervertidos.

---

[175] Guimarães, 2004, p. 6.

O abrandamento da perversão sempre foi uma marca do cineasta. É assim, de maneira mais evidente, em *Fale com ela* [*Hable com ella*], de 2002. O estupro necrofílico de uma mulher em coma chega a ser justificado pelo amor sem ter de recorrer à violência. Ele revisita o conto de fadas do príncipe encantado capaz de despertar com um beijo a bela adormecida. Lá ainda, ele troca os papéis sexuais como em outros filmes, mas com leves deslocamentos: a mulher exerce a profissão de toureiro, nitidamente masculina, e um homem evolui com desenvoltura no meio feminino: é enfermeiro, manicuro, cabeleireiro; o macho, o galã da trama, chora sem parar.

Pode ser que *Má educação* indique a saturação da fórmula de sucesso almodovariana. O fato é que nesse novo trabalho ele não incorpora o impasse seguinte: a sexualidade é perversa? É. Mas há a possibilidade de que ela não seja, porque existe perversidade no amor e na ternura.

No olhar afetuoso dos garotos acuados pelo padre, Almodóvar dá o melhor dele. Lembro-me de que ele iniciou pela via de Luis Buñuel – tratando com afeição o binômio da perversão e da religiosidade, só que de uma forma mais moderna, sublimando-o. Com *Negros hábitos* [*Entre tinieblas*], de 1983, uma paródia iconoclasta sobre um convento de mulheres, ele revela o seu conflito com a Igreja, uma instituição que volta a ser objeto das interrogações de Almodóvar.

Má educação é tão antirreligioso quanto *A via láctea* [*La voie lactée*] é anticlerical, este baseado sobre um dos temas mais recorrentes da obra de Buñuel, no centro de uma parábola que acompanha dois peregrinos rumo a Santiago de Compostela, o caminho místico e de influente religiosidade ao longo do qual eles cruzam com diversos personagens bíblicos e históricos, tão antípodas (ou complementares) como Jesus Cristo [Bernard Verley] e o marquês de Sade [Michel Piccoli].

Há, efetivamente, um caminho do cineasta no qual a imaginação encontra o real. É aí que ele é mais artista. Sua obra concerne a cada espectador e o cativa. Ele cria uma obra maior colocando seu olhar no coração da cena e no que há ao redor dela e, ao depositar nele sua inquietação, nos permite viver sua paixão... o cinema.

A perversidade sem amor nem ternura
Baixio das bestas e *Amarelo manga*

A perversão, sob o regime da opressão de uma época, ressurge no cinema em *Baixio das bestas*, um filme de Cláudio Assis. Neste caso, o diretor visita zonas de abjeções e o envelhecimento moral na Zona da Mata de Pernambuco.

Essas coisas acontecem na narrativa escatológica sem nenhuma sucessão temporal da sequência com um antes e um depois. Há pessoas que atuam nas estórias entrecruzadas, em meio do que uma frase do filme resume bem: "podridão do mundo".

Com o radicalismo que lhe é tão próprio em seu filme anterior, *Amarelo manga*, no qual tinha trabalhado, a sua maneira áspera, a fantasia masculina sobre a vagina, Assis volta agora ao mesmo tema. Ele reafirma a fantasia do sexo e da morte em que, de alguma forma, personagens escandalosos e outras imagens se articulam ao ódio, eixo fundamental da libertinagem, reinterpretando o mundo agreste, o sadismo do Sade como função do sujeito transgressivo patológico. Mediante a situação catastrófica de uma degeneração moral caída no esquecimento, o cineasta alia o primitivismo dos hábitos pessoais e das relações culturais e econômicas em um bordel de libertinos que satisfazem seus próprios prazeres. "Você sabe o que é melhor no cinema? É que você pode fazer nele o que quiser", diz Matheus Nachtergaele no papel de Everaldo, dirigindo-se à câmera e, consequentemente, ao espectador, quando expõe, de modo obsceno, os rapazes e as moças prostituídas componentes da orgia nos escombros de um cinema da região.

Enquanto *Oh! Rebuceteio*, filme pornô de Assis, realizado em meados da década de 80, é projetado no cinema, prostitutas, tratadas brutalmente por seus clientes, são pisoteadas, estupradas e mortas com um cacete, cuja imagem sugere o pênis: no Brasil a expressão "cacete" significa, na linguagem da gíria, pênis.

É nesse contexto que Assis projeta o estupro de uma prostituta através de um teatro de sombras. Ele mostra a sedução sexual brutal, misturando a realidade social na qual isso acontece e a fantasia da mulher de ser violentada como se fossem duas faces da mesma moeda.

Ceiça [Marcélia Cartaxo], Dora [Hermila Guedes], Bela [Dira Paes] e ainda a cafetina, Conceição Camarotti, encarnam o que elas próprias se fazem, na medida em que internalizaram a economia libidinal patriarcal. Elas aceitam sua condição de vítimas, tratadas como dejetos, já que são sempre sujeitadas. Como as quatro são dramáticas, podem perfeitamente ser trocadas em seus papéis de mulheres aviltadas pela condição de oprimidas na qual elas estão bestialmente integradas.

Toda a decadência é condensada logo nas primeiras imagens do engenho em ruína com as senzalas abandonadas nos canaviais, o testemunho da permanência de um passado. Na narração em *off*, Assis apropria-se da frase do filme *Menino de engenho*, de Walter Lima Júnior, "o tempo vai consumir os engenhos, as usinas, mim, você", que explicita bem o *apartheid*, fruto da equação inescrupulosa de distribuição das rendas por causa do arcaísmo do negócio da cana-de-açúcar. O principal papel de personagem dramático passa a ser, então, o de um velho, o avô Heitor [Fernando Teixeira], que se finge de correto, enquanto explora sexualmente sua própria neta, Auxiliadora [Mariah Teixeira], uma menina de treze anos.

Por isso, destaca-se o papel essencial da passagem do filme na qual Heitor diz "Acabou-se o respeito", sendo ele próprio, no entanto, o mais envolvido pessoalmente com a decadência permanente da degradação dos valores. Ou, como comenta o crítico de cinema Daniel Schenker Wajnberg: "Não é por acaso que Heitor aparece de costas ao fazer seu comentário e que sua imagem frontal só seja registrada na mesma cena quando ele muda de assunto"[176].

O avô obriga a neta a tirar regularmente sua roupa em um recanto, com, no fundo, a capela do engenho abandonado, para exibi-la nua diante de *agroboys* e caminhoneiros de passagem pela região, que pagam para admirar sua nudez virginal, vendo realizada sua fantasia de violação.

O filme insinua que o avô, além de faturar com a sensualidade da neta, é o pai dela, que é a filha de uma das prostituas com quem ele teve uma relação. A violência sexual desdobra-se no estupro de Auxiliadora por

---

176 Disponível em: <www.http//.criticos.com.br>. Acesso em: 23 jul. 2009.

Cícero [Caio Blat], rapaz de família rica que estuda em Recife e volta nos finais de semana para promover as orgias sexuais.

Há ainda outras imagens de insetos asquerosos que são conservados em frascos de formol, impregnados da putrefação da morte, como uma síntese dos elementos escatológicos do filme. Assis não deixa fora do eclipse total nem mesmo o lirismo colorido da melancolia do bloco de maracatu da cultura tradicional rural dos festejos carnavalescos. A brutalidade ofusca momentaneamente o brilho das lantejoulas das fantasias quando, em um movimento abrupto, os componentes do bloco enlouquecidos matam o velho.

Nesta forma de representação do ato sexual, misturando dejetos da cultura da cana-de-açúcar com o olhar pelos verdes canaviais, a depravação é repelente, a moral é apodrecida. Assis manda tudo para as latrinas do real. Mas ele não tem outro fim possível senão o de transgredir, sacudir e nivelar, como por irreverência. Talvez sua contribuição maior tenha sido abrir o caminho a novas discussões provocadas pela libertinagem que transforma os canaviais em lugar de prazeres, de uma Sodoma à margem do baixio das bestas, explícito no título do filme.

O GÊNERO E A ESCRITA

Uma barragem contra o Pacífico [*Un barrage contre le Pacifique*], de Rithy Panh. *Algo que você precisa saber* [*Quelque chose à te dire*], de Cécile Telerman

Uma barragem contra a lógica do inconsciente
Uma barragem contra o Pacífico

Marguerite Duras, grande figura literária, disse que as mulheres não escrevem do mesmo lugar que os homens – e, quando as mulheres não escrevem a partir do lugar onde se encontra seu desejo, elas plagiam[177]. É daí que surge, talvez, a falta de originalidade da obra durassiana nas transposições cinematográficas. Isso persiste na nova

[177] Conferir David, no livro *Marguerite Duras: une écriture de la jouissance*, 1996, p. 197-225.

adaptação de Rithy Panh, *Uma barragem contra o Pacífico* [*Un barrage contre le Pacifique*], cinquenta anos depois de ter sido realizada por René Clément, em 1958, uma adaptação de inspiração autobiográfica de seu romance preferido. Em seu filme, Suzanne [Astrid Bergès Frisbey] esforça-se para liberar-se do desejo materno, expresso por meio do anel de diamante, emblema de sua prostituição. O caminho que a levaria da infância ao feminino, pela descoberta do homem escolhido por seu desejo, que se efetuaria na separação da mãe [Isabelle Huppert] antes mesmo de sua morte obscena, não é descrito de maneira durassiana particularmente impressionante como um gozo insuportável de se olhar.

O projeto prévio da descrição linear das imagens que documentam o fato ressalta a realidade exterior da natureza selvagem. Assim, Panh não apreende a natureza simbólica do texto durassiano que privilegia a lógica do inconsciente, aquela da divisão, do imprevisível, ao acompanhar a dialética da letra, em proveito de seu conteúdo significante e das ações transformadas em vozes.

Além disso, Panh direciona o olhar com a voz, sem deixar a visão cindida entre o olhar e a imagem, um olhar que não é simplesmente a cena em relação a um sujeito que vê e um sujeito da fantasia que não é somente quem olha, pois se confunde com a cena que é olhar: o olhar impossível. Como cineasta, para dar conta dessa divisão, Duras promove a voz *off* em primeiro plano e inventa vozes exteriores à narrativa. Em seus filmes, há uma disparidade entre a narração, que não narra ponto a ponto o acontecimento, e a imagem. Assim, seus filmes batem no núcleo do recalcado no inconsciente em ritmo de repetição.

Duras, além de não fornecer à voz o papel de contador do que se passa na tela, que, ademais, sabe tudo, contraria a voz do narrador que dá uma ordem às imagens para cimentar a sequência dos planos ou estabelecer um *raccord* sonoro, nomear ou enunciar – o que é uma característica da voz do documentário, ou a voz-eu. Ela acentua a divisão entre o campo e o extracampo, deslocando a voz liberta da servidão à cena realista – e a voz é frequentemente reivindicatória.

Desejo de inspecionar os segredos de família
Algo que você precisa saber

Não é uma tarefa do artista contemporâneo encenar fantasias radicalmente dessubjetivadas? Elas nunca poderão ser assumidas pelo sujeito se ele não subjetivar o desejo do Outro. É o que parece ser a concepção de Cécile Telerman no seu último filme, *Algo que você precisa saber* [*Quelque chose à te dire*]. A partir da premissa psicanalítica de que os filhos repetem a estória dos pais, encena a submissão sintomática ao Outro, utilizando a atuação cinematográfica e a pintura. Ela faz referência a Françoise Dolto, psicanalista francesa autora do livro *Psicanálise e pediatria*, em meio aos diálogos afinados com o seu pensamento.

O filme, por meio da encenação da família Celliers, composta de Mady, a mãe [Charlotte Rampling], Henri, o pai [Patrick Chesnais], Antoine, o filho mais velho [Pascal Elbé], Jacques, o genro policial [Olivier Marchal], Alice, a filha do meio [Mathilde Seigner] e Annabelle, a filha mais nova [Sophie Cattani], e da projeção na tela das sanguinolentas madonas deprimidas pintadas por Alice, singulariza a novela familiar: uma fantasia efeito do imaginário do sujeito que pode imputar à sua mãe ligações amorosas escondidas e se considerar seu único filho legítimo, elaborações construídas quando a criança se confronta com a necessidade de desapegar-se de seus pais.

O segredo do filme é o segredo da família, seu outro lado dramático. Desvelado no momento da descoberta das pinturas escondidas, o que é traumático é constatar como essa estória que, com o passar dos anos, é tomada como morta está em realidade viva.

A estória transmitida de geração em geração, não liberada, repressiva, desenrola-se, depois de muito tempo, sob o olhar enigmático da mãe. Ela é o elo que une essa família presa na rede pulsional de sua estória, congelada, mas que continua a impedir, a constranger todos. O mesmo conteúdo inconsciente produz então um efeito distinto segundo seja insinuado como segredo reprimido ou exibido na encenação. É um filme envolvente, já que atrai o desejo irreprimível de inspecionar os segredos de família.

PSICANÁLISE E LITERATURA

Artifício literário de James Joyce a partir do *Retrato do artista quando jovem* [*A portrait of the artist as young man*]

No que James Joyce escreve não existe nenhum norteamento. Como escritor que elabora o texto ficcional em uma atmosfera delirante, ele está distante da linguagem instrumental do roteiro de um filme que não visa à linguagem das palavras, mas à imagem. Todavia, Joyce me parece ter uma escrita cinematográfica, na medida em que dispõe o olhar no centro da ação.

Desde as primeiras páginas do *Retrato do artista quando jovem* [*A portrait of the artist as a young man*] ([1916]1954) Stephan Dedalus, o herói ficcional, olha secretamente a cena: "[...] se inclinara para espiar ainda através de tantas pernas"[178]. Joyce posiciona seu personagem como observador do que se passa na sua frente. Ele se vale do entrelaçamento jamais desfeito entre o adulto se lembrando de sua infância e o escritor espreitando à distância seus personagens, além de haver uma dinâmica do olhar que parte do olho que vê, mas também de um ponto cego, de modo que o olhar é instantaneamente a cena que olha Stephan Dedalus. "Faces estavam lá; olhos; esperavam e observavam"[179], escreve ele.

O livro é o olhar. Ele dá indicações da esquize do olho e do olhar ou a separação entre ver e olhar – o ver é função do olho e o olhar é o objeto da pulsão escópica[180]. O objeto aí se externaliza e fica no exterior-interior. O que acontece? O olhar faz a reviravolta do objeto, visto de fora, para o objeto que toca do interior: é o dentro-fora, exterior-íntimo – o ponto em que o sujeito que olha é olhado por ele, ou seja, o objeto é o olhar.

---

178 Conferir a tradução do inglês de Antônio Houaiss (Joyce, 1970, p. 4). No original, "He was caught in the whirl of a scrimmage and, fearful of the flashing eyes and muddy boots, bent down to look through the legs" (Joyce, 1954, p. 4).

179 Conferir a tradução do inglês de Antônio Houaiss (Joyce, 1970, p. 136). No original, "Murmuring faces waited and watched; murmurous voices filled the dark shell of the cave" (Joyce, 1954, p. 105).

180 Ver Lacan, nota 168.

Stephan Dedalus espia de longe o microcosmo de sua família e de seus amigos, no retiro do Clongowes Wood College de Dublin, o colégio onde Joyce estudou e onde recebeu uma rígida educação jesuíta. O jovem artista do título do romance é ele, um escritor insatisfeito com o pai alcoólatra e que busca encontrar um substituto para este. "No mundo profano, como previra, uma voz mundana conclamá-lo-ia a soerguer a condição decaída do pai mercê de seus labores"[181], assim conta ele a verdade sobre a fraqueza do pai. E quanto às ordens da autoridade? As vozes constantes de seu pai e de seus mestres, concitando-o a ser um bom católico, soavam falsas em seus ouvidos; ele só era feliz quando estava distante delas, na companhia de seus camaradas fantasmáticos.

Ao opor excitação e submissão religiosa, Joyce mostra Stephan Dedalus em uma relação direta com Deus. "Ele fala e sua voz é ouvida até os mais longínquos limites do espaço"[182], escreve Joyce, comparando o toque da trombeta com a voz de Deus Onipotente, Juiz Supremo. Escutando as vozes em sua cabeça, ele está convencido de que as tinha já escutado, na realidade ou em sonho. São vozes liberadas dos órgãos de sentidos que aparecem na forma da voz de alguma coisa invisível, insondável e secreta que as exterioriza, as descobre, as revela. Ou são canções que evocam o que os olhos dos bichos, coisas e pessoas lhe dizem.

Esta relação entre voz e olhar sempre perpassa o texto de Joyce, construído no deslizamento pela fronteira entre o ficcional e o delirante. Daí a estória em si, que parece não ter começo, meio e fim, e que não é a principal atração, em proveito da própria linguagem, um denso cipoal cheio de meandros. Citações de todo tipo: vocábulos, obras, canções, línguas. Referências de todo jeito: aos bichos, ao fedor, ao aroma, ao sabor, à paisagem, à mitologia, à história e à literatura. Brechas para entrelaçar as imagens que tivessem atraído o olhar com que projeta as elucubrações do personagem.

---

181 Conferir a tradução do inglês de Antônio Houaiss (Joyce, 1970, p. 81). No original, "In the profane world, as he foresaw, a wordly voice would bid him raise up his father's fallen state by his labours" (Joyce, 1954, p. 63).

182 Conferir a tradução do inglês de Antônio Houaiss (Joyce, 1970, p. 114). No original, "He speaks: and His voice is heard even at the farthest limits of space" (Joyce, 1954, p. 86).

Quando Jacques Lacan chama de *sinthoma* [*sinthome*] a suplência do Nome-do-Pai – o pai que faltou na função de mediação da lei[183] –, ressalta que o *sinthoma* não é o sintoma, a mensagem codificada que deve ser decifrada pela interpretação, mas a letra que produz o "gozo no sentido", *jouis-sense* [em francês *jouissance* é gozo e *sens*, sentido]. Assim considera ele o *sinthoma* de Joyce. Ao colocar a letra no mesmo lugar do Nome-do--Pai, o pai que falta, Joyce se faz engendrar, tornando-se o filho de sua obra que lhe assegurou um nome. Até porque, segundo ele, o artista não é um redentor, é o próprio Deus como fazedor. "O artista, como o Deus da criação, permanece dentro, junto, atrás ou acima de sua obra invisível, clarificado, fora da existência"[184], escreve ele, e faz tudo para que a literatura tenha luz. Ideia cinematográfica: iluminar; e eis o brilho, o puro olhar de sua escrita iluminada em movimento.

A narrativa de Joyce é mais uma coreografia do que uma ação de causa-efeito propriamente falando, visando determinados resultados. Os símbolos se movem na pantomima de suas letras. Os protagonistas sofrem golfados do acaso à medida que ele descreve instantes de verdadeiro transe. Não é também uma narrativa fabulística, que tem como finalidade transmitir um ensinamento moral ou ético.

Segundo Jacques Aumont, Joyce via em Eisenstein, com quem ele encontra em Paris, um adaptador potencial de sua obra, porque era o único a poder associar duas tendências: a tendência ao contínuo e ao indistinto (o pensamento primitivo, o sonho, o monólogo interior), quando ele tinha já pensado o cinema como meio de figuração do pensamento. Adaptação que não foi realizada.

Não é surpreendente que a produção cinematográfica da obra de Joyce seja escassa pela dificuldade em levar para a tela seu método de lin-

---

[183] Segundo Jacques Lacan, no seminário *O sinthoma* [*Le sinthome*], sobre James Joyce, sua escrita funciona como um sinthoma ou suplência do Nome-do-Pai. Ele deduz que ela produz efeito no real vindo ao ponto em que a cura psicanalítica opera quando, ao jogar com o sentido, pode modificar o *sinthoma*, antiga ortografia de sintoma escrita por ele neste seminário. Com isso, ele busca apreender quais são as trocas do real com o simbólico e o imaginário; o real não é o terceiro que interliga todos os três de modo borromeano: se um dos elos rompe-se, todos se desligam, e o nó deixa de existir. Em troca, ele amarra o sinthoma no nó que mantém juntos o real, o simbólico e o imaginário.

[184] Joyce, 1982, p. 742.

guagem que dispensa estruturas lineares, claras e simples. Não obstante, esse método é a base das expressões artísticas que não são lineares ou realistas, pois utilizam a descontinuidade e a fragmentação para contornar a distância entre a realidade e a representação.

Reconheço, entretanto, que, apesar do hermetismo da linguagem, a transposição cinematográfica da obra literária de John Huston – *Os vivos e mortos* [*The dead*] – mostra bem o conteúdo da obra de Joyce.

O que faz o diretor em seu último filme, sua obra-prima para alguns, reforça a imagem da sedução escópica com a sedução exercida pela voz fora do corpo, no canto, permitindo-lhe não elidir a voz e o olhar.

Com os mecanismos associados à materialidade comunicativa do som, enriquecida por suas significações, ele vai simbolizar seja a música, seja um poema. Desse modo, a sequência dos acontecimentos transfigura a cena cotidiana que terminará por transpor, no filme, a experiência da Epifania. Não na perspectiva cristã como momento de graça que ilumina, mas naquela definida por Joyce: uma súbita manifestação espiritual, momento evanescente que permite vislumbrar, no cotidiano, a essência de um ser ou da situação humana. A partir daí, o momento epifânico acaba por expressar, especialmente no casal do filme, a ideia de um amor que entrelaça as relações em sua acepção de sintoma, por meio de uma voz fantasmática.

Joyce adotou uma espécie de mandamento estético em tornar-se "autor de epifanias" relativas à revelação da palavra. A epifania, não como manifestação do divino, ou celebração religiosa de uma aparição divina, consiste para ele em vislumbrar na vulgaridade o que não é vulgar, no ordinário, o extraordinário[185]. É a fonte de iluminações do banal. E assim a epifania sagrada transmutou-se logo em um conceito literário, pagão, despojando-se de sua veste religiosa.

Para compor suas epifanias, Joyce é um garimpeiro de diamantes de insignificâncias até o fim de sua vida. Não desprezava nada do que se passava ao seu redor. Tomava nota de lapsos, anedotas, charadas à cata do trocadilho puro – o jogo de palavras que, parecidas no seu som, mas

---

185 Conferir Sá, no capítulo "O conceito e o procedimento da epifania", 1979, p. 129-165.

diversas no seu significado, dão margem ao equívoco próprio da ambiguidade da língua – e grande parte deste material era transportado depois em seus livros.

O grande escritor irlandês buscava muitas de suas inspirações em personagens vulgares, os que bebiam a tradicional cerveja quente de Dublin, a capital irlandesa, enquanto contavam vantagem nos *pubs* esfumaçados da cidade. Ele percorre esse mundo com um olhar cortante. Suas personagens não têm nenhum cacoete do herói tradicional, capaz de grandes feitos; muito pelo contrário, Joyce trabalha com o vulgar do povo de potencial divino e transforma-o no vulgar da bota de Van Gogh: uma obra de beleza.

Joyce resgatava a des-importância dos fatos; o que lhe importava era o que ultrapassa o sujeito contaminado pela vida humana, pela morte, pela dor, algo fora dele, seu esplendor. Com a transfiguração da linguagem das epifanias, às vezes em poema, às vezes em fragmento de diálogo, ele converte o sentido da palavra, o que equivale, finalmente, a transfigurar a própria língua. Sua insubmissão aos grilhões da língua o torna duplamente estrangeiro: na sua própria língua e na nova língua criada. Sua literatura vige do resto, ela se cria a partir da dejeção.

Tudo começou no *Retrato do artista quando jovem*, citado mais acima. Segundo Antônio Houaiss[186], neste romance está contido em germe o material básico da criação do artista. Apesar da linearidade da narrativa, ele se reporta aos esboços do monólogo interior no fluxo da língua que depois se transforma no meio da construção de *Ulisses* [*Ulysses*], em 1922, e na captação onírica de *Finnegans Wake*, em 1939. Daí sua importância.

O recurso utilizado por Joyce de compartilhar o ponto de vista entre o herói, Stephen Dedalus, na primeira pessoa e o narrador, também personagem na primeira e terceira pessoas, como para o herói de *Ulisses*, Leopold Bloom, exige uma atenção redobrada por parte do leitor para não perder nenhuma sutileza. Pois é precisamente nas minúcias que sua obra encontra sua validade, sua cadência polifônica que ressalta de maneira literária a musicalidade das palavras.

---

[186] Conferir Houaiss no prefácio do livro *Retrato do artista quando jovem – James Joyce*, 1970, p. x.

No entanto, a importância desse romance não pode só ser justificada de um ponto de vista literário, mas também na hipótese de Lacan, segundo a qual o escritor Joyce estava próximo de uma psicose – mas ele não era psicótico porque escrevia. Esta psicose está na origem de tudo o que vai acontecer de *Ulisses* até o *Finnegans Wake*, onde ele acaba por se fazer um nome como autor-artífice do significante que o representa por sua obra.

Já no *Retrato do artista quando jovem* e depois no "antirromance" *Finnegans Wake,* seu conhecimento da língua torna sua linguagem fluida, sem conexões, no ritmo de notas de música. Se a mistura de palavras prevalece, a estória passa a importar mais até que, em certo momento de sua obra, não haja mais identidade com o som nem com o fonema da língua. Em suma, o autor Joyce é o sintoma Joyce.

Quando a mãe de Stephen Dedalus censura o filho por mau comportamento, a severa tia Dante o ameaça furiosamente, dizendo-lhe que uma águia virá arrancar-lhe os olhos. Logo depois da cena de início na qual o Sr. Dedalus, o pai, conta uma estória olhando através de seus óculos, o que lembra o pai de Joyce, John Stanislauss Joyce, que era também um contador de estórias e de piadas.

A tia Dante, como uma águia, quer seus olhos. Com essa metáfora, que a voz das admoestações maternas, de significações enigmáticas, censura, Joyce contorna a causa da angústia: o olhar do Outro. Ela é a própria encarnação da paranoia, segundo a última definição proposta por Lacan: "A paranoia é uma voz que sonoriza o olhar que aí é prevalente. É um assunto de congelamento do desejo"[187]. A voz que chama o escritor é, assim, um convite a aventurar-se ainda mais por meio de sua inspiração delirante na qual a voz do Outro decide o que ele deve fazer.

Do ponto de vista psicanalítico, a águia, um pássaro fálico, é o significante que aparece no objeto. Isto poderia me conduzir a explicar a obra pela subjetividade do artista confundindo-a com a obra como sintoma. Se minha intenção, entretanto, é expor o mecanismo de invenção do artista, não vou me deter na ameaça de castração ou de sedução sexual durante a infância no intuito de interpretar a obra.

---

[187] Lacan, 1975-1976, p. 38.

Com esta finalidade, examinarei a seguir a escrita como *sinthoma*, que se constrói com um artifício literário, desmontando-a em seus elementos. Por exemplo, um corte da cena que introduz um verso, na verdade delirante, mistura o autorretrato do artista quando jovem com a escrita[188,189]:

> *Pull out his eyes,* Então você diz isso outra vez?
> *Apologize,* Ah! você vai dizer outra vez?
> *Apologize,* Então você diz isso outra vez?
> *Pull out his eyes,* Então você diz isso outra vez?
> *Apologize,* Arranca os olhos desse freguês!
> *Pull out his eyes,* Arranca os olhos desse freguês!
> *Pull out his eyes,* Ah! Ele não diz mais outra vez!

Rico em acentuação rítmica, com uma ligação entre as letras como com fios invisíveis, pela polifonia das palavras, o estribilho do verso repete o som semelhante no final das palavras rimadas. Segundo o escritor, as palavras tocam como se fossem música[190]. A associação de palavras livres da amarra da significação por sua ressonância na cadência harmônica cria o ritmo da frase. É o que pode se chamar associação metonímica.

No romance, ao lado da metáfora literária, existe a metáfora metonímica. A primeira é a substituição significante, de uma palavra à outra, o que é próprio da metáfora criadora de um sentido na passagem do significante à significação; a segunda não se completa, é sempre irredutível às palavras e alcança um nível em que o significante e o significado estabilizam-se, com a construção de representação e dizeres impensáveis, até mesmo absurdos; por fim, ela dá lugar à metáfora negativa ou a inversão na metáfora, que, segundo Lacan, é o modelo da "metáfora delirante", fora do padrão ou fora da significação fálica, logo, "impossível", por causa da falta da metáfora paterna.

---

188 Joyce, 1954, p. 3.
189 Joyce, 1970, p. 2.
190 Ibidem, p. 20.

Lacan explica:

> É a falta do Nome-do-Pai, nesse lugar que, pelo buraco que ele abre no significado isca a cascata dos remanejamentos do significante de onde procede ao desastre crescente do imaginário, até que o nível seja atingido onde significante e significado estabilizam-se na metáfora delirante[191].

Diante disso, a criação da metáfora é ao mesmo tempo simbólica e delirante e serve de matéria à reflexão. "O assobio paterno, as observações maternas, os guinchos da maníaca invisível, eram-lhe agora vozes demais que ofendiam e ameaçavam humilhar", escreve Joyce[192], descobrindo por trás do assobio do pai a voz persecutória como a voz imposta ao sujeito na psicose paranoica, mas que, na escrita, é redirecionada. As vozes da consciência são feitas de admoestações. Dessa maneira, ele mistura o monólogo de sua voz interior com as pessoas, os bichos, as linguagens, os barulhos.

O som proveniente da água que escoa pelo ralo é uma palavra esquisita que ouviu, escreve Joyce, referindo-se ao neologismo "songa"[193]. Outro som é suspiro da folha, o ruído do mar, por exemplo, "Stephen escutava vozes. Como de gente conversando. Era o ruído das ondas. Estariam as ondas conversando entre si, à medida que se levantavam e que caíam?"[194].

À medida que o escritor vai fazendo sua reconstituição pessoal com as pessoas da cidade pequena onde foi criado, ele fala ao mesmo tempo de

---

[191] Lacan, 1966, p. 577.

[192] Conferir a tradução do inglês de Antônio Houaiss (Joyce, 1970, p. 179). No original, "His father's whistle, his mother's mutterings, the screech of an unseen maniac were to him now so many voices offending and threatening to humble the pride of his youth" (Joyce, 1954, p. 135).

[193] Conferir a tradução do inglês de Antônio Houaiss (Joyce, 1970, p. 6). No original em inglês, "Suck" (Joyce, 1970, p. 2).

[194] Conferir a tradução do inglês de Antônio Houaiss (Joyce, 1970, p. 22). No original, "Someone had put coal on and he heard voices. They were talking. It was the noise of the waves. Or the waves were talking among themselves as they rose and fell" (Joyce, 1954, p. 17).

Napoleão ou de outros grandes homens da história, contando o que eram esses personagens mortos no mundo dele. É uma metáfora, sim... e quase um delírio.

Para isso, a pessoa deixa de ser uma fantasia para tornar-se ou uma parte relevante do corpo – bochecha, queixo, cabelo, bigode, dedo, unha, pescoço, nariz – ou então alguma coisa que passa e desaparece, em uma situação que pode se tornar um significante.

Joyce trabalha com o elemento humano e com o signo, ora uma gravata, ora um cheiro desprendido do mundo exterior, por exemplo, de estrume ou de alcatrão. São fedores, sujeira, aspectos tidos como o abjeto do corpo. "Um cheiro ruim, frouxo e sórdido, como essa luz, preguiçosamente se evolva do excremento achatado"[195].

Além disso, Joyce constrói curiosas comparações com o cheiro e a sonoridade da palavra. "Um cheiro de sebo derretido desprendeu-se dos pavios da vela do deão, e se fundiu na consciência de Stephen, com o tinido daquelas palavras: balde e lâmpada, lâmpada e balde", escreve[196]. Fazendo uma metáfora, ele compara as mãos da mulher, Eileen, à Torre de Marfim, no sentido de elas serem delgadas, frias e brancas[197].

Se escrevendo Joyce remenda o delírio com o olhar do Outro do qual é presa, a escrita teve a função de uma substituição ou suplência a qual o impede delirar. Há uma transformação que se relaciona com o movimento da atividade da escrita. Este movimento é o fundamento da melhora do sujeito psicótico que se dedica à escrita, bem como à pintura ou à música, contanto que tenha a característica de colocar um limite ali onde o delírio é aberto ao ilimitado. Trata-se de um cerzimento como o que se faz na costura: cose-se com agulha e linha um remendo com tal arte que o pano não pareça remendado, mas contínuo. Assim, quando trata da obra de Joyce, Lacan analisa que o gozo localizado na letra tem êxito ao fazê-lo

---

[195] Joyce, 1970, p. 138.

[196] Ibidem, p. 191.

[197] Conferir a tradução do inglês de Antônio Houaiss (Joyce, 1970, p. 31). No original, "Eileen had long white hands. One evening when playing tig she had put her hands over hiseyes: long and thin and cold and soft. That was ivory: a cold white thing. That what the meaning of Tower of Ivory" (Joyce, 1954, p. 24).

cerzir o buraco deixado no simbólico como consequência da forclusão do Nome-do-Pai[198].

Nesse sentido, o verdadeiro cerzimento de Joyce é fazer a escrita com a própria loucura, o contrário do método paranoico crítico de Salvador Dalí[199], que consiste em fazer arte com a associação sistemática delirante. É a diferença entre a loucura da arte de Dalí e a arte da loucura de Joyce.

---

[198] O curta-metragem *Gentileza*, Brasil, 1994, de Dada Amaral e Vinicius Reis, é um retrato falado de um artista psicótico, José Datrino, cujas 56 pinturas murais expostas no viaduto do Caju no Rio de Janeiro têm para ele valor da mensagem: "que os homens imitem a natureza!". É uma mensagem escrita para que se tenha fé na palavra evangélica do Messias. Conhecido como o profeta [*Jozze agradecido* ou *Gentileza*], ele se considera dotado de uma missão: pregar sua mensagem anticapitalista, ecológica, social e religiosa cujo ponto de partida é "gentileza por gentileza". Diz escutar a invocação de um mandato divino. Ele acredita em seu delírio divino com Jesus Cristo: "Veio aquela voz astral de minha mente me dizendo que no dia seguinte eu teria que abandonar tudo que eu tinha, todos os afazeres materiais do mundo, e que eu deveria viver para o Pai, que eu deveria vir como São José representar Jesus de Nazaré na Terra. Sou apenas a terceira pessoa da Santíssima Trindade. Sou o verdadeiro maluco. Não pode existir mais maluco do que eu, maluco da natureza, das coisas divinas". Como James Joyce, seu *sintoma* está, portanto, apoiado no delírio. No que ele ouve a voz do Outro, ela se apresenta como imperativo para que registre sua mensagem nas ruas da cidade, e componha como um artista sua arte de letras, uma obra pictórica apreciada no Brasil, e estabilizando assim seu delírio.

[199] Dalí, *apud* Guimarães, 2004, p. 51.

CONSIDERAÇÕES FINAIS

Neste livro, tentei elaborar aproximações diferentes às obras analisadas como objeto-causa do desejo. Elas incluem uma reflexão sobre a relação entre psicanálise, cinema e literatura e uma análise que avalia o saber-fazer do artista com o real, seguindo o rastro do desejo, o objeto e a causa pelos dois modos distintos: a ficção imaginária e a simbólica.

A ficção imaginária leva a acreditar que o mais importante é a ilusão da imagem, usada para manobrar o objeto escravizado, capturado, que renega a presença da realidade na fantasia assim sequestrado pelo capricho do fetiche pelo qual o olhar se deixa cativar.

A ficção simbólica funciona como o real em obras que parecem mais crônicas dos dias atuais, segundo diferentes escalas da vida pública e da vida privada. Ela revela a causa do mal-estar no transtorno do mundo contemporâneo, devastado por matanças sem sentido que refletem o sentido do gozo. Um gozo mais além de qualquer limite, na conexão entre a morte e a libido como chave da interpretação de uma onda recente de produção que mergulha na realidade social, em uma reconstituição do horror interminável, para bordejar o real.

À medida que os dejetos corporais têm constantemente feito irrupção no cinema, eles me levaram a vê-los como uma das modalidades do objeto pulsional, as fezes, cuja função, ainda que seja um resto do real, opera como uma escrita do *sinthoma,* condição da restauração da estrutura simbólica. Percebi que seu lugar no psiquismo é bem nos termos que Sigmund Freud descreveu como renúncia ao objeto anal ligada à aprendizagem da limpeza. Uma renúncia que, aparentemente, só pode ser parcial. Na correspondência com o desenvolvimento libidinal, ela faz parte da função excretora originária, encontrada no erotismo anal das crianças na interseção das três exigências da civilização, a limpeza, a ordem, a beleza[200], como ele propõe, em 1930, no "Mal-estar da civilização"[201].

Trata-se aqui, segundo enunciei na introdução, de estender o estudo desses dejetos que operam incessantemente no cinema aos domínios da poesia, do romance, da escultura, das artes plásticas e da fotografia, nas quais o artista assume, em muitos casos, a produção anal como bem-vinda.

A poesia, conforme João Cabral de Melo Neto, em *Poesia/Psicologia da composição*, floresce a partir de algo de abjeto.

> Poesia, te escrevia:
> flor! conhecendo
> que és fezes...[202].

Alvarenga, o camelô que passa a viver entre vira-latas errantes como um deles, é o protagonista do romance *Seria uma sombria noite secreta*, de Raimundo Carrero, e é um abjeto: o resto, o entulho, o dejeto.

O abjeto é o *ready-made* na chamada arte conceitual, que propunha a valorização da ideia em detrimento da realização do trabalho e, por extensão, da linguagem como pensamento. Aqui, lembro a famosa tradição artística, cujos polos são o urinol de Marcel Duchamp, alçado a objeto de arte, e os objetos de Andy Warhol. Gérard Wajcman escreve, a propósito da *Roda de bicicleta* de Duchamp, que ela não é criação a partir do nada, *ex-nihilo*, mas uma criação do nada que mostra a roda em seu puro

---

200 Freud, *apud* Laporte, 1980, p. 12.

201 Devo ao ator e crítico de arte Sergio Britto a informação sobre o curioso hábito que no teatro se diga "merda" para desejar boa sorte ao artista, embora poucos conheçam que a origem dessa tradição venha da época em que as pessoas se transportavam em carruagem e acreditava-se que quanto mais os cavalos deixassem merda na praça a peça teria tido mais sucesso.

202 Cabral, 1994, p. 98.

objeto-ser, privada de qualquer de suas funções, elevada a uma estranha qualidade do sublime[203].

Inspirado por essa tradição, Jackson Pollock deposita a mesma abjeção da matéria representativa no corpo salpicado com a pintura. Pierre Baudry a considera, no seu artigo *Figuratif, matériel, excrementiel*, como o ponto limite da pintura ocidental que, ao se privar da linha e do contorno, só deixa subsistir seu resto ou suplemento plástico, marcando assim o retorno do recalcado excrementício da pintura clássica.

É o objeto estético que, dentro da explicação mais ampla do pensamento de Freud sobre as zonas erógenas, está ligado à libido do corpo do artista, de onde ele extrai a fonte de sua criação. Da validez massiva das coisas sem significação provém uma síntese dos objetos parciais suficientes para construir fantasias e capturar o desejo.

Com Salvador Dalí as telas oníricas, delirantes, compostas de planos puros e de repentinas erupções de corpos deformados, de carnes torturadas, tornaram-se célebres porque são imersas na angústia e obsessões sexuais: a escatologia, a masturbação e o medo da impotência. Ele diz no artigo de fé do surrealismo que o inconsciente descoberto por Freud é o que rege verdadeiramente a realidade.

Com Man Ray, a fotografia da bunda, intitulada *Le violon d'Ingres*, é uma exaltação poética da beleza inspirada no corpo da mulher, que confirma o que ele preconiza: "É o homem, qualquer que seja o meio utilizado, que converte uma obra de arte em obra de arte"[204].

No filme *Pequenos assassinatos* [*Little murders*], adaptado da peça de teatro de Jules Feiffer, romancista, escritor, teatrólogo, sem dúvida o mais famoso dos cartunistas americanos, escrita em 1967, o diretor Alan Arkin coloca em cena o desejo de um fotógrafo deprimido, Alfred Chamberlain, interpretado por Elliott Gould, de fotografar um cocô de cachorro – isso sendo uma expressão de sua incapacidade de sentir ou de interessar-se por qualquer coisa quando ele cai em desgraça e começa a eliminar pessoas, sujeitos de suas fotografias.

---

203 Wajcman, *apud* Dolar, 2007, p. 204.

204 Ray, *apud* Taschen, 1993, p. 52.

Agnès Varda tem sido, nos seus documentários, uma catadora dos "inutensílios" – como nomeia nosso poeta Manoel de Barros. No seu recente documentário, *As praias de Agnes* [*Les plages d'Agnes*], ela vai à cata, aos oitenta anos, dos restos e dos vestígios para rebuscar sua existência de artista independente desde a infância. Mistura recordações entre metáforas e simbolismos, expõe as mais familiares fotos que, uma vez registradas na inércia cinematográfica, tornam estranho o conhecido. Compõe as mais reveladoras imagens, como os encobrimentos; faz citações caleidoscópicas, visuais e musicais. Organiza suas técnicas estéticas usando fotografias, trucagens, bricolagens, bricabraques e enxertos de suas obras passadas, filmes, instalações, dispositivos, quadros vivos. "Toda lembrança é em desordem, toda sensação difícil a captar", diz ela, e revela-se convencida de que a memória é uma invenção. Dos acasos da memória, dos improvisos, dos dejetos resulta a justaposição de fragmentos na forma de colagem surrealista. A montagem da pulsão, na psicanálise, articulada gramaticalmente em um se fazer ver (olhar), assemelha-se a essa montagem preferida pela artista. Uma montagem soberana em relação à sintagmática do tipo narrativo, submetida aos efeitos de causalidade e de continuidade. Essa corresponde à sua fantasia. A imaginação a todo vapor. Colagens que não são brincadeiras. Surpreendente. Outras praias.

Mas qual é o cerne dessas expressivas criações?

A transgressão do artista que em particular exibe o mais abjeto como um objeto de arte, ao revés de todas as outras práticas estéticas. Longe de romper com a lógica da sublimação, se empenha em salvá-la, imaginando--a como o resíduo da vanguarda ainda. Ele mostra como uma espécie de inquietude difusa parece se manifestar na sexualidade em seu conjunto, que está sistematicamente associada ao anal e não se representa senão pela sexualidade na infância. Idade em que há como uma cloaca dentro da qual quase nada distingue o que é sexual do que é excrementício. Paradoxalmente, se guarda reprimido o que deveria permitir o melhor uso do gozo dos objetos, efeitos que a psicanálise sublinha.

Assim, dar aos dejetos o *status* de objetos de arte, como aconteceu com os grafites pichados, expostos nas galerias, bienais, significa que sua força é a de ocupar esse lugar, como na definição lacaniana da sublimação que "eleva um objeto à dignidade da Coisa", que está, portanto, diretamente relacionada com o real, o real impossível. Afinal, a arte é um artifício que nasceu com o artesão ao modelar o vaso. O artesão faz com as mãos o significante e cria o vazio.

Se bem que a sublimação não deva ser confundida com uma mera domesticação pulsional ou um encaminhamento exitoso da pulsão para fins socialmente aceitos. Em seus paradoxos, ela aponta para um objeto que é nada e também para *das Ding*, a Coisa inacessível, velada e misteriosa, fascinante e pavorosa com todo o efeito sinistro que isso provoca. Assim, merda, vômito, corpo destroçado, ânus que defeca, cadáver em putrefação são objetos desalojados que, em sua modernidade, para adquirir um valor de troca poética, reocupam o lugar da Coisa, como já fez, aliás, a *pop arte* com as latinhas de merda.

A presença do abjeto é cada vez mais forte: os objetos de comunicação bem conhecidos da sociedade de consumo, as dejeções de cápsulas, garrafas de plástico, enfim, tudo que se joga fora, nas latas de lixo. Isso pode se dar tanto sob a forma de excreção – o excremento, a urina – e de secreção – a menstruação, a secreção vaginal, o esperma, o sangue – como com uma intervenção no próprio corpo, através da *body arte*, cujo histrionismo questiona o hedonismo pensado por um viés da fratura do especular para afirmação de um corpo primário. Segundo Viviane Matesco no seu livro *Corpo, imagem e representação*, a *body arte* é uma maneira de subverter a repressão dos suportes tradicionais e o distanciamento impostos pela perspectiva, representada, por exemplo, na *Degradação de Vênus* [*Versumpfung einer Venus*], 1963, de Otto Mühl, em que o artista jogou lama em cima de uma modelo nua antes de envolvê-la em um pano com dejetos.

Essas ações se recortam nas representações do irrepresentável. Estão vinculadas à tentativa de cercar o real, de criar um espaço para o despedaçamento do corpo fragmentado, que é uma característica da desintegração atual.

O talento artístico de "representar" o irrepresentável no ato de recortar, de fragmentar, de esgarçar, de despedaçar permite quebrar a ilusão da continuidade, ou produzir essa ilusão pela combinação de elementos heterogêneos, criando um sentido metafórico figurativo no todo representado.

Por uma espécie de metáfora anal, deriva a justaposição de elementos fragmentados, que Lacan assinala assim: "O nível anal é o lugar da metáfora: um objeto por outro, dar as fezes em lugar do falo"[205].

Os objetos excremenciais sobram na arte sublime. Os animais dos romances de Franz Kafka são talvez precursores de um cortejo de artistas. Nesse sentido, eles não são nem designação de alguma coisa, de um sentido próprio, nem atribuição de metáforas no sentido figurado. São metamorfoses. Encontram-se em Kafka o que Gilles Deleuze e Felix Guatarri sintetizam perfeitamente na sua famosa frase "A metamorfose é o contrário da metáfora"[206]. A metamorfose é encarnada por Gregorio Samsa – o caixeiro-viajante, bom moço e herói de sua própria família, que acorda um dia transformado em um gigantesco inseto, encontrando, dessa maneira, apesar dele, um meio de sair de todos os papéis simbólicos que havia assumido, reduzido, assim a uma voz sem sentido. Essa obra de arte universalmente reconhecida não é menos repelente. É importante não somente que o objeto sublime seja fragmentado, destruído ou rebaixado, mas também e, sobretudo, que seu manejo seja a ocasião de um gozo em que o anal e o oral estão condensados. Como interpreta a psicanalista Françoise Dolto: "A interdição de brincar, em seguida, com as fezes, em nome de uma repugnância que afeta os adultos, também cria uma renúncia [...]. Pois, em vez de brincar com seus excrementos, a criança vai ser absorvida na fabricação de bolinhos de areia"[207]. A merda é nossa primeira obra-prima, porque se dá de presente à mãe. Muito mais que um dejeto, ela será, através de uma série de jogos futuros, a fonte da produção de outra coisa.

Está aí a origem dos dejetos cenográficos do cinema. Certos filmes são, no âmbito do prazer anal, mais ou menos escatológicos. Em uma operação visando converter o objeto fascinante na merda, o dom do presente converte-se no presente da merda. Essa oferenda se efetua para oferecer a transgressão de um interdito e o gozo que essa implica. Afinal, esse tema reforça uma representação pela sétima arte do mundo em sua presença

---

[205] Lacan, 1973, p. 96.

[206] Deleuze e Guattari, 1977, p. 34.

[207] Dolto, 1972, p. 34.

irredutível, sua crueza, sua violência, seu horror, segundo a possibilidade de inscrever no simbólico algo mais, o resíduo, o objeto-excrementício que escapa, criando assim novos registros simbólicos para as significações novas como um meio de continuar bordejando o vazio do real.

A realidade nunca é diretamente ela mesma, porque sua simbolização precedente, estando incompleta, fracassou. Uma aparição espectral emerge nesta brecha que separa para sempre a realidade e o real. Real estritamente lacaniano, no sentido de que ele não pertence à ordem do simbólico e do imaginário, e onde ele é aquilo que escapa e resta como dimensão eterna da falta, hiância como tal. Mas, ao mesmo tempo, ele é a condição da possibilidade de qualquer significação.

Para resumir: o cinema é como uma mediação da realidade condicionada pela fantasia. Se o filme conta estórias para que o objeto-causa do desejo encontre uma narração, ele não se exime da diferença entre prazer puramente formal (do domínio estético) e fantasia (do domínio do sujeito). É porque, no texto "Escritores criativos e devaneios", Freud adverte com relação ao poema: deve transmutar o tema, ainda que seja o mesmo que ele reconhece na fantasia neurótica, mediante um desvio, de modo que comece a valer mais o sensível do que o tema.

Em ambos os domínios, o que importa é o desejo de capturar o inapreensível para proporcionar a cada espectador gozar desta impossibilidade última. O problema é que, no duplo movimento da mercantilização progressiva e da estetização do universo das mercadorias, um objeto esteticamente satisfatório hoje é cada vez menos apto de sustentar o vazio. É como se, paradoxalmente, a única maneira de preservá-lo fosse contorná-lo do lixo, do exterior e do interior; os dejetos, de qualquer forma.

REFERÊNCIAS BIBLIOGRÁFICAS

ALTHUSSER, Louis et al. A imensa revolução teórica de Marx. In: *Estruturalismo*: *Antologia de textos teóricos*. Col. Problemas. Lisboa: Martins Fontes e Portugália, 1970, n. 24, p. 289-308.

ANTONIONI, Michelangelo. *O fio perigoso das coisas e outras histórias*. Rio de Janeiro: Nova Fronteira, 1983.

ARAÚJO, Inácio. "Johnny" é verossímil, mas não verdadeiro. *Folha de São Paulo*, São Paulo, 26 abr. 2009. Ilustrada, p. 6.

ASSOUN, Paul-Laurent. *Leçons psychanalytiques sur Le masochisme*. France: Economica, 2007.

AUMONT, Jacques, MARIE, Michel. *L'analyse des films*. France: Armand Colin, 2004.

AUMONT, Jacques. Eisenstein pense à Joyce. *Cahiers du cinéma*, Paris, n. special, 100 journées qui ont fait le cinéma, p. 41, 1995.

BACHCHAN, Amitabh. Índia crítica "Quem quer ser um milionário"?, favorito ao Oscar. Disponível em: www.htpp://.1 folha vol.com.br, 276594. shtml. Acesso em: 23 fev. 2009.

BARTHES, Roland. Cher Antonioni. *Cahiers du cinéma*, Paris, n. 3, p.75-83, mai.1980.

BARROS, Manoel de. *Gramática expositiva do chão*, Rio de Janeiro, Civilização Brasileira, 1990.

BATAILLE, Georges. (OC). Paris: Gallimard, 1971, v. 3.

______. (OC). Paris: Gallimard, 1976, v.12.

______. (OC). Paris: Gallimard, 1987, v.10.

______. *L'érotisme*. Paris: Minuit, 1957.

______. *O erotismo*. Porto Alegre: LP&M, 1987.

______. *Histoire de l'oeil.* Train Arnauld (apr.). In: Un siècle erotique. Anthologie de la littérature érotique du XX e. siècle. Paris: Minibus, 2010, p. 216-255.

BAUDRY, Pierre. Figuratif, matériel, excrémentiel. *Cahiers du cinéma*, Paris, n. 238-239, p. 75-83, jan.-jun.1972.

BAVČAR, Evgen. *Le voyeur absolu*. Paris: Senil, 1992.

BLOOM, Harold. *O cânone ocidental.* Rio de Janeiro: Objetiva, 1995.

BONITZER, Pascal. *Le champ aveugle. Essais sur le cinéma*. Paris: Cahiers du cinéma/Gallimard. 1976a.

______. Cinéma/théâtre/idéologie/écriture – A propos de "La cérémonie". *Cahiers du cinéma*, Paris, /s.n./, p. 5-13, /s.d/.

______. Fetichisme de la technique: la notion de plan. *Cahiers du cinéma*, Paris, n. 233, p. 4-10, nov.1971.

______. Un film en +. *Cahiers du cinéma*, Paris, n. 224, p. 6-10, oct.1970.

______. La grande bouffe: un film de Marco Ferreri. *L'Avant-Scène-Cinéma*. Paris, n. 548, p. 6, jan. 2006.

______. *Le regard et la voix. Essais sur le cinéma*. Paris: Union Général D' Éditions, 1976b.

______. L'essence du pire [L'empire des sens]. *Cahiers du cinéma*, Paris, n. 270, p. 48-52, sep.-oct.,1976c.

______. L'expérience en intérieur – Le dernier tango à Paris, La grande bouffe, La mauran et la putain. *Cahiers du cinéma*, Paris, n. 247, p. 33-36, jui.-aou., 1973.

BUÑUEL, Luis. *Meu último suspiro*. Rio de Janeiro: Nova Fronteira, 1900.

CABRAL DE MELO NETO, João. *Poesia/Psicologia da composição*. (OC). Rio de Janeiro: Nova Aguilar, 1994.

CARRERO, Raimundo. *Seria uma sombria noite secreta*. Rio de Janeiro: Record, 2011.

CARVALHO, Vladimir. *Terra: substantivo concreto*. Catálogo. In: Retrospectiva dos 70 anos do cineasta Vladimir Carvalho. Rio de Janeiro, 2005.

CHEMAMA, Roland. *El goce: Contextos y paradojas*. Buenos Aires: Nueva Visión, 2007.

CHION, Michel. *La voix au cinéma*. Paris: Seuil, 1982.

DADOUN, Roger. *Cinéma – Psychanalyse & Politique*. Paris: Séguier, 2000.

DALÍ, Salvador. *Sim ou a paranóia*. Rio de Janeiro: Arte Nova, 1974.

DAVID, Michel. *Marguerite Duras: une écriture de la jouissance*. Paris: Desclée de Brouwer, 1996.

DELEUZE, Gilles. *A imagem-movimento*. São Paulo: Brasiliense, 1983a.

______. *Apresentação de Scher-Masoch – O frio e o cruel*. Rio de Janeiro: Taurus, 1983b.

______. *Cinéma 1 – L'image-mouvement*. Paris: Minuit, 1983.

DELEUZE, Gilles; GUATTARI, Felix. *Kafka. Por uma literatura menor*. Rio de Janeiro: Imago, 1977.

DESCARTES, René. *As paixões da alma*. Pensadores. São Paulo: Abril Cultural, 1979.

DHALIA, Heitor. Heitor Dhalia curte o seu céu de brigadeiro. [Entrevista a Rodrigo Fonseca]. *O Globo*, Rio de Janeiro, 2007. Segundo caderno, p. 5.

DOLAR, Mladen. *Una voz y nada más*. Buenos Aires: Manantial, 2007.

DOLTO, Françoise. *Psicanálise e Pediatria*. Rio de Janeiro: Jorge Zahar, 1972.

EAGLETON, Terry. *O problema dos desconhecidos. Um estudo da ética*. Rio de Janeiro: Civilização Brasileira, 2010.

FERRERI, Marco. *Marco Ferreri*. Milano: Il castoro cinema, 2004.

FONSECA, Rodrigo. Um John Waters em voluptuosas proporções. *O Globo*, Rio de Janeiro, 2001. Crítica DVD.

FREIXAS, Ramon; BASSA, Joan. *Cine, erotismo y espectáculo*.Buenos Aires, Barcelona: Paidós Ibérica, 2005.

______. *El sexo en el cine e el cine de sexo*. Barcelona, Buenos Aires: Paidós Ibérica, 2000.

FREUD, Sigmund. Além do princípio de prazer. 1920. *Primeira edição standard brasileira das broas completas*. (OC). Rio de Janeiro: Imago, 1976, v. 18.

______. Caráter e erotismo anal. 1908. *Primeira edição standard brasileira das obras completas*. (OC). Rio de Janeiro: Imago, 1976b, v. 9.

______. Os chistes e sua relação com o inconsciente, de 1905: *Primeira edição standard brasileira das obras completas*. (OC). Rio de Janeiro: Imago, 1977, v. 8.

______. A dinâmica da transferência. 1912. *Primeira edição standard brasileira das obras completas*. (OC). Rio de Janeiro: Imago, 1969a, v. 12.

______. Escritores criativos e devaneios. 1908. *Primeira edição standard brasileira das obras completas.* (OC). Rio de Janeiro: Imago, 1976c, v. 9.

______. O estranho. 1919. *Primeira edição standard brasileira das obras completas.* (OC). Rio de Janeiro: Imago, 1976e, v. 17.

______. Fragmento da análise de um caso de histeria. 1901-1905. *Primeira edição standard brasileira das obras completas.* (OC). Rio de Janeiro: Imago, 1972c, v. 7.

______. História de uma neurose infantil. 1918. *Primeira edição standard brasileira das obras completas.* (OC). Rio de Janeiro: Imago, 1976d, v. 17.

______. Inibições, sintomas e ansiedade. (1926 [1925]). *Primeira edição standard brasileira das obras completas.* (OC). Rio de Janeiro: Imago, 1976, v. 20.

______. A interpretação de sonhos. 1900. *Primeira edição standard brasileira das obras completas.* (OC). Rio de Janeiro: Imago, 1972a, v. 4,5.

______. Os instintos e suas vicissitudes. 1915. *Primeira edição standard brasileira das obras completas.* (OC). Rio de Janeiro: Imago, 1974b, v. 14.

______. Lembranças encobridoras. 1899. *Primeira edição standard brasileira das obras completas.* (OC). Rio de Janeiro: Imago, 1976a, v. 3.

______. O mal-estar na civilização. 1930-1929. *Primeira edição standard brasileira das obras completas.* (OC). Rio de Janeiro: Imago, 1974c, v. 21.

______. Notas sobre um caso de neurose obsessiva. 1909. *Primeira edição standard brasileira das obras completas.* (OC). Rio de Janeiro: Imago, 1975, v. 10.

______. Novas conferências introdutórias sobre psicanálise. *Primeira edição standard brasileira das obras completas.* (OC). 1933 [1932]. Rio de Janeiro: Imago, 1976g, v. 22.

______. Prefácio a Scatologic rites of all nations de Bourke. 1913. *Primeira edição standard brasileira das obras completas.* (OC). Rio de Janeiro: Imago, 1969b, v. 12.

______. Projeto para uma psicologia científica. 1895. *Primeira edição standard brasileira das obras completas.* (OC). Rio de Janeiro: Imago, 1977, v. 1.

______. Sobre o narcisismo: uma introdução. 1914. *Primeira edição standard brasileira das obras completas.* (OC). Rio de Janeiro: Imago, 1974b, v. 14.

______. O tema dos três escrínios. 1919. *Primeira edição standard brasileira das obras completas.* (OC). Rio de Janeiro: Imago, 1969c, v. 12.

______. Tipos psicopáticos no palco. 1905 ou 1906. *Primeira edição standard brasileira das obras completas.* (OC). Rio de Janeiro: Imago, 1972d, v. 7.

______. Totem e tabu – Alguns pontos de concordância entre a vida mental dos selvagens e dos neuróticos. 1912-1913. *Primeira edição standard brasileira das obras completas.* (OC). Rio de Janeiro: Imago, 1974a, v. 22.

______. Três ensaios sobre a teoria da sexualidade. 1901-1905. *Primeira edição standard brasileira das obras completas.* (OC). Rio de Janeiro: Imago, 1972b, v. 7.

______. "Uma criança é espancada". Uma contribuição ao estudo da origem das perversões sexuais. 1919. *Primeira edição standard brasileira das obras completas.* (OC). Rio de Janeiro: Imago, 1976f, v. 17.

FREYRE, Gilberto. *Casa-grande & senzala.* Rio de Janeiro: José Olympio, 1943.

FUDIN, Mónica; ESPIÑO, Gabriel. (comps.). *Psicoanálisis y cine. Cuestiones clínicas en personajes de películas.* Buenos Aires: Letra Viva, 1998.

GIAUME, Joelle Mayet. *Michelangelo Antonioni. Le fil interieur.* Bélgica: Yellow now, 1990. p.157.

GIUSTI, Carlos; BARBAGELATA, Norma. (comps.). *Psicoanálisis y cine – Un dispositivo en extensión.* Argentina: Universidad Nacional del litoral Santa Fé, 2004.

GRÜNER, Eduardo. *El sitio de la mirada. Secretos de la imagem y silencios del arte.* Buenos Aires: Norma, 2001.

GUIMARÃES, Dinara Machado. Evgen Bavčar busca a luz perdida. *O Globo*, Rio de Janeiro, 12 jun.1994. Livros, p. 7.

______. Mero triller policial sobre travestis. *Jornal do Brasil*, Rio de Janeiro, 19 nov. 2004. Caderno B, Filme em questão: Má educação, p. 6.

______. Olhar em transe: documentário da vida. *Cinemais.* Rio de Janeiro, n. 14, p. 181-195, nov.1998.

______. *Vazio iluminado: o olhar dos olhares – psicanálise e cinema.* 2. ed. Rio de Janeiro: Garamond, 2004.

______. *Voz na luz – Psicanálise e cinema.* Rio de Janeiro: Garamond, 2004.

GUIMARÃES, Dinara et al. Artifício literário de James Joyce: psicanálise e arte. In: O SINTHOMA. Recife: Cultura, 2007, p. 155-167.

HARIHARAN, K. O orientalismo para um mercado globalizado. Disponível em: www.http//.1.folha.vol.com.br vet90 507.192. shtml. Acesso em: 23 fev. 2009.

HASSOUN, J. et al. In: *Fragments de langue maternelle*. Paris: Payot, Bibliothèque Scientifique, 1970, p. 151-156.

HIRT, J.-M. Le cinéma de la mise à nu. *Nouvelle Revue de Psychanalyse*, Paris, n. 29, p. 249-268, 1984.

JABOR, Arnaldo. "O cheiro do ralo" será uma obra prima? A estreia deste filme é um fato novo no cinema brasileiro. *O Globo*, Rio de Janeiro, 27 mar. 2007. Segundo caderno, p. 10.

JARDIM, Julio. Janela da alma. *Folha de S.Paulo*, São Paulo, 28 jun. 2002, Ilustrada, p. 10.

JOYCE, James. [1939] *Finnegans Wake*. Porto Alegre: Casa de Cultura Guimarães Rosa, 1999.

______. (Oeuvres). Jacques Aubert. (org.). Paris: Galimard, 1982.

______. [1916]. *A portrait of the artist as a young men*. Signet book and The Viking Press, 1954.

______. [1922] *Retrato do artista quando jovem*. Antônio Houaiss (apres.). Rio de Janeiro: Civilização Brasileira, 1970.

JOUSSE, Thierry. *John Cassavetes. Bibliografia, análise crítica e filmografia do diretor de Gloria e Faces*. Rio de Janeiro: Nova Fronteira, 1992.

______. La musique et ses mondes. *Cahiers du cinéma*, Paris, no. special musiques au cinéma. p. 4-5, 1995.

KAGAN, Norman. *Le cinéma de Stanley Kubrick*. France: L'âge d`homme, 1979.

KANT, Immanuel. *Critique de la raison pratique*. Paris: Quadrige, 1985.

KYROU, Ado. *Luís Buñuel*. Rio de Janeiro: Civilização Brasileira, 1966.

LACAN, Jacques. *A angústia. O seminário livro 10*. Rio de Janeiro: Jorge Zahar, 2005.

______. *L'angoisse. Le seminaire livre X*. Paris: Seuil, 2004.

______. *O avesso da psicanálise. O seminário livro 17*. Rio de Janeiro: Jorge Zahar, 1992.

______. *De um Outro ao outro. O seminário livro 16*. Rio de Janeiro: Jorge Zahar, 2006.

______. *D'un Autre à l'autre. Le séminaire livre XVI*. Paris, Seuil, 2006.

______. *De uma questão preliminar a todo tratamento possível da psicose*. In: *Escritos*. Rio de Janeiro, 1998, p. 537-590.

______. *D'une question préliminaire à tout traitement possible de la psychose*. In: *Écrits*. Paris, 1966, p. 531-583.

______. *Encore. Le séminaire livre XX*. Paris: Seuil, 1972-1973.

______. *Les écrits techniques de Freud. Le séminaire livre I*. Paris: Seuil, 1975. p. 315.

______. *Os escritos técnicos de Freud. O seminário livro 1*. Rio de Janeiro: Zahar, 1979a.

______. *A ética da psicanálise. O seminário livro* 7. Rio de Janeiro: Jorge Zahar, 1997.

______. *L'éthique de la psychanalyse. Le séminaire livre VII*. Paris: Seuil, 1986.

______. *Fonction et champ de la parole et du langage en psychanalyse*. In: *Écrits*. Paris, 1966, p. 237-322.

______. *Função e campo da fala e da linguagem em psicanálise*. In: *Escritos*. Rio de Janeiro, 1998, p. 238-324.

______. *Intervenção sobre a transferência*. In: *Escritos*. Rio de Janeiro, 1998, p. 214-225.

______. *Intervention sur le transfert*. In: *Écrits*. Paris, 1966, p. 215-225.

______. *Kant com Sade*. In: *Escritos*. Rio de Janeiro, 1998, p. 776-803.

______. *Kant avec Sade*. In: *Écrits*. Paris, 1966, p. 765-790.

______. *Logique du phantasme*. /s.d/. /s.ed./. 1966/67. (inédito).

______. *Mais, ainda. O seminário livro 20*. Rio de Janeiro: Jorge Zahar, 1975.

______. Proposition de 9 octobre 1967 sur le psychanalyste de l'École. *Scilicet*. Paris: n.1, p. 14-30, 1968.

______. *As psicoses. O seminário livro 3*. Rio de Janeiro: Jorge Zahar, 1985.

______. *Les psychoses. Le séminaire livre III*. Paris: Seuil, 1981.

______. *Les quatre concepts fundamentaux de la psychanalyse. Le séminaire livre XI*. Paris: Seuil, 1973.

______. *Os quatro conceitos fundamentais da psicanálise. O seminário livro 11*. Rio de Janeiro: Jorge Zahar, 1979b.

______. *...ou pire. Le séminaire livre XIX*. Paris: Seuil, 2011.

______. *...ou pior. O seminário livro 19*. Rio de Janeiro: Jorge Zahar, 2012.

______. *O sinthoma. O seminário livro 23*. Rio de Janeiro: Jorge Zahar, 2007.

______. *Subversion du sujet et dialectique du désir dans l'inconscient freudien*. In: *Écrits*. Paris, 1966, p. 793-827.

______. *Subversão do sujeito e dialética do desejo no inconsciente freudiano*. In: *Escritos*. Rio de Janeiro, 1998, p. 807-842.

______. *Le temps logique et l'assertion de certitude anticipé – Un nouveau sophisme*. In: *Écrits*. Paris, 1966, p. 197-213.

______. *O tempo lógico e a asserção da certeza antecipada – Um novo sofisma*. In: *Escritos*. Rio de Janeiro, 1998, p. 197-213.

LACAN, Jacques *et al.* R.S.I. *Ornicar*? Paris, n. 2, p. 87-105, 1975.

______. R.S.I. *Ornicar*? Paris, n. 3, p. 95-111, 1975.

______. R.S.I. *Ornicar*? Paris: n. 4, p. 91-106, 1975.

______. R.S.I. *Ornicar*? Paris: n.5, p. 3-66, 1975-1976.

LACAN, Jacques et al. Le sinthome. *Ornicar*? Paris, n. 6, p. 3-12, 1975-1976.

______. Le sinthome. *Ornicar*? Paris, n. 7, p. 3-17, 1975-1976.

______. Le sinthome. *Ornicar*? Paris, n. 8, p. 5-20, 1975-1976.

______. Le sinthome. *Ornicar*? Paris, n. 9, p. 32-40, 1975-1976.

LAPORTE, Dominique. *Historia de la mierda*. Valencia: Pré-textos, 1980.

LEGRAND, Gérard. *Paolo & Vittorio Taviani*. Paris: L'Etoile/Cahiers du Cinéma, 1990.

MAGNELLI, Enrico; MARTINI, Emanuela (orgs.). *Il Rito, La Rivolta. Il cinema di Nagisa Oshima*. Roma: Di Giocome, 1984.

MARQUES, João Francisco et al. Manoel de Oliveira: a sedução do texto literário. *Camões. Revista e culturas lusófonas*. Lisboa, n. 12-13, p. 82-89, jan/jun.2001.

MARZANO, Michela. *La pornografia ou el agotamiento del deseo*. Buenos Aires: Manantial, 2006.

MATESCO, Viviane. *Corpo, imagem e representação*. Rio de Janeiro: Jorge Zahar, 2008. p.64.

MAZARIO, Luiz. *Pasolini – Todos os corpos*. São Paulo: Perspectiva, 2007.

MILLER, Jacques Alain et al. La suture. Élémentos de la logique du signifiant. In: *Cahiers pour analyse*. Paris, Presses Universitaire de France, 1966, n.1.

MONGIN, Olivier. *Violencia y cine contemporâneo – Ensayo sobre ética e imagen*. Buenos Aires, Barcelona, México: Paidós, 1998.

MOSCOVITZ, Jean-Jacques. *Lettre d'un psychanalyste a Steven Spielberg*. Paris: Bayard, 2004.

MOURA, Wagner et al. *Wagner Moura*. In: *Tropa de elite: Missão dada é missão cumprida*. Rio de Janeiro, 2007.

MUTARELI, Lourenço. *O cheiro do ralo*. São Paulo: Devir Livraria, 2005.

NAGIB, Lucia. *Nascido das cinzas. Autor e sujeito nos filmes de Oshima*. São Paulo: EDUSP – Editora da Universidade de São Paulo, 1995.

NIGEL, Andrews. Caubóis pós-modernos. *Folha de São Paulo*, São Paulo: 29 jan. 2006, Caderno Mais!, p. 6-7.

OLIVEIRA, Manoel de. A última de Manoel. [Entrevista a Marco Almeida]. *Folha de São Paulo*, São Paulo: dez. 2009, Caderno Mais!, /s.p./.

OLIVEIRA, Nelson de. A vil realidade. *Folha de São Paulo*, São Paulo: 02 nov. 2008, Caderno. Mais!, p. 3.

OUDART, Jean-Pierre. La suture. *Cahiers du cinéma*, Paris, n. 211, p. 36-39, avr. 1969.

______. La suture. *Cahiers du cinéma*, Paris, n. 212, p. 50-55, mai 1969.

PASCAL, Michel. *Le cinéma*. Paris: Le cavalier bleu, 2003.

PASOLINI, Pierre Paolo. *Écrits corsaires*. Paris: Flammarion, 1976.

PAZ, Octavio. *Um mais além erótico: Sade*. São Paulo: Mandarim, 1999.

PHILIPPON, Alain. Contes Cruels de la Jeunesse, de Nagisa Oshima. Arènes Sanglantes. *Cahiers du cinéma*, Paris, n. 381, p. 12-14, mar.1986.

REGO, José Lins. *Fogo morto*. Rio de Janeiro: José Olympio, 1943.

______. *Meus verdes anos: memórias*. Rio de Janeiro: José Olympio, 1980.

______. Antônio Carlos Vilaça (apr.). *Menino de engenho*. Rio de Janeiro: José Olympio, 1932.

RÓHEIM, Géza. *Fuego en el dragón e outros ensayos psicoanalíticos sobre folclor*. Colômbia: Norma, 1992.

ROUCH, Jean et al. La caméra comme lien social: cinéma direct et ciné--transe. CINÉMACTION. Paris: Corlet, 1989, p. 114-119 [Cinéma et psychanalyse].

SÁ, Olga de. *A escritura de Clarice Lispector*. Petrópolis: Vozes; Lorena: Faculdades integradas Tereza D'Ávila, 1979.

SADE, Marquês. Delon Michel (apr.). *Les cent vint journées de Sodoma ou L`École de libertinage*. Paris: Gallimard, 1990. p. 368.

SANT`ANNA, Affonso Romano de. *O enigma vazio: impasses da arte e da crítica*. Rio de Janeiro: Rocco, 2008.

SARAMAGO, José. *Ensaio sobre a cegueira*. São Paulo: Companhia das Letras, 1996.

SHAKESPEARE, William. *Mercador de Veneza*. (OC). São Paulo: José Aguilar, 1969, v. 2, p. 82-100.

SYLVESTER, David. *Sobre arte moderna*. São Paulo: Cosac Naify, 2007.

SOARES, Luiz Eduardo; BATISTA, André; PIMENTEL, Rodrigo. *Elite da tropa*. Rio de Janeiro: Objetiva, 2005.

SOLLERS, Phillipe. *L'écriture et l`experience des limites*. Paris: Seuil. /s.d./.

STAVRAKAKIS, Yannis. *Lacan y lo politico*. Buenos Aires: Prometeo Libros, 2007.

SWARUP, Vikas. *Sua resposta vale um bilhão*. São Paulo: Companhia das Letras, 2009.

TASCHEN, Benedikt. *Man Ray* [1890-1976]. Germany: /s.ed./. 1993.

TRÉMOIS, Claude-Marie. La grande bouffe: un film de Marco Ferreri. *L'Avant--Scène-Cinéma*, Paris, n. 548, p. 7, jan.2006.

WAJNBERG, Daniel Schenker. Panorama do específico. Disponível em: www. http//.criticos.com.br. Acesso em: 15 jul.2009.

WEILL, Alain Didier. *Les trois temps de la loi*. Paris: Seuil, 1955.

WERNER, Florian. *La matéria oscura: Historia cultural de La mierda*. Espanha: TusQuets, 2013.

ZIMMER. Jacques. Scandales des seventies. *L'Avant-Scène-Cinéma*, Paris, n.548, p. 12-14, jan.2006.

ŽIŽEK, Slavoj. *El acoso de las fantasías*. Buenos Aires: Siglo XXI editores Argentina, 1999.

______. *Amor sin piedad. Hacia una política de la verdad*. Madrid: Sintesis, 2004b.

______. *Arriesgar lo imposible*. [*Conversaciones con Glyn Daly*]. Madrid:Trota, 2006a.

______. *Como ler Lacan*. Rio de Janeiro: Zahar, 2010.

______. *Elogio da intolerância*. Lisboa: Relógio D' Água, 2006b.

______. *El espinoso sujeto. El centro ausente de la ontologia política*. Buenos Aires: Paidós, 2001.

______. *A marionete e o anão – O cristianismo entre perversão e subversão*. Lisboa: Relógio D'Água, 2006c.

______. *Las metástasis del gozo. Seis ensayos sobre la mujer y la causalidad*. Buenos Aires, Barcelona, México: Paidós, 2003b.

______. *Mirando al sesgo. Una introduccion a Jacques Lacan a través de La cultura popular*. Buenos Aires, Barcelona, México: Paidós, 2000.

______. *Quién dijo totalitarismo?. Cinco intervenciones sobre el (mal) uso de una noción*. Valencia: Pre-textos, 2002.

______. *O sujeito incomodo. O centro ausente da ontologia política*. Lisboa: Relógio D'Água, 2009.

______. *El títere y el enano. El núcleo perverso del cristianismo*. Buenos Aires, Barcelona, México: Paidós, 2005.

______. *Violência*. Lisboa: Relógio d'água. 2009.

______. *Violência en acto – Conferencias en Buenos Aires*. Analía Hounie (comp.). Buenos Aires, Barcelona, México: Paidós, 2004a.

______. *A visão em paralaxe*. São Paulo: Boitempo, 2008.

______. *Visión de paralaje*. Buenos Aires: Fondo de cultura econômica de Argentina, 2006d.

ŽIŽEK, Slavoj et al. (comp.). *Ideología. Un mapa de la cuestión*. México, Argentina: Fondo de culturra económica de Argentina, 2003a.

______. Le vide incarné. *L'Ane*. Paris: Seuil, 1990, p. 1-14.

OBRAS CITADAS:

Filme

Algo que você precisa saber [*Quelque chose à te dire*], França, 2009, de Cécile Telerman.

Amantes [*Love streams*], EUA, 1984, de John Cassavetes.

Amarelo manga, Brasil, 2000, de Cláudio Assis.

Amém [*Amen*], França/Alemanha/Romênia/EUA, 2002, de Constantin Costa-Gavras.

O ano em que meus pais saíram de férias, Brasil, 2006, de Cao Hamburg.

Ata-me! [*Átame*!], Espanha/França, 1990, de Pedro Almodóvar.

O auto da compadecida, Brasil, 2000, de Guel Arraes.

A aventura [*L'avventura*], Itália/França, 1959, de Michelangelo Antonioni.

Baixio das bestas, Brasil, 2007, de Cláudio Assis.

Uma barragem contra o Pacífico [*Un barrage contre le Pacifique*], França, 2009, de Rithy Panh.

Um cão andaluz [*Un chien andalou*], França, 1928, de Luis Buñuel e Salvador Dalí.

O cheiro do ralo, Brasil, 2006, de Heitor Dhalia.

Cidade de Deus, Brasil, 2002, de Fernando Meirelles.

A comilança [*La grande bouffe*], Itália/França, 1973, de Marco Ferreri.

Conto cruel da juventude [*Sēshun zankoku monogatari*], Japão, 1960, de Nagisa Oshima.

Os contos de Canterbury [*I racconti di Canterbury*], Itália/França, 1972, de Pier Paolo Pasolini.

Um corpo que cai [*Vertigo*], EUA, 1958, de Alfred Hitchcock.

O corte [*Le couperet*], França, 2005, de Constantin Costa-Gavras.

O decameron [*Decamerone*], Itália/França/Alemanha, 1971, de Pier Paolo Pasolini.

Depois daquele beijo [*Blow up*], Inglaterra/Itália,1966, de Michelangelo Antonioni.

Deserto vermelho [*Il deserto rosso*], Itália/França,1964, de Michelangelo Antonioni.

O eclipse [*L'eclisse*], Itália/França, 1962, de Michelangelo Antonioni.

O enforcamento [*Koshikei*], Japão, 1968, de Nagisa Oshima.

O engenho de Zé Lins, Brasil, 2007, de Wladimir Carvalho.

O império dos sentidos [*Ai no korrida*] *Corrida* [*tourada*] *do amor*, França/Japão, 1976, de Nagisa Oshima.

Os invisíveis [*Les invisibles*], França, 2005, de Thiery Jousse.

Eros, EUA/Itália/ Hong Kong/ China/ França/ Inglaterra/ Luxemburgo, consagrado ao diretor Michelangelo Antonioni: *O fio perigoso das coisas*[*Il filo periculoso delle* cose], do próprio Antonioni, *A mão* [*The hand*], de Wong Kar-Wai, *Equilíbrio* [*Equilibrium*], de Steven Soderbergh.

Escola do riso [*Warai no daigaku*], Japão, 2004, de Mamoru Hoshi.

Fale com ela [*Hable* con ella], Espanha/França, 2002, de Pedro Almodóvar.

O fantasma da liberdade [*Le fantôme de la liberté*], 1974, de Luis Buñuel.

Gentileza, Brasil, 1994, de Dada Amaral e Vinicius Reis.

Holy Motors, França/Alemanha, 2012, de Leos Carax.

Janela da alma, Brasil, 2004, de João Jardim e Walter Carvalho.

Janela indiscreta [*Rear window*], EUA, 1954, de Alfred Hitchcock.

Kika [*Kika*], Espanha/França, 1993, de Pedro Almodóvar.

Many Happy está retornando [*Many Happy returns*], Reino Unido, 1996, de Marjut Rimminen Manny.

Má educação [*La mala educación*], Espanha, 2004, de Pedro Almodóvar.

Menino de engenho, Brasil, 1965, de Walter Lima Junior.

Mercador de Veneza [*The merchant of Venice*], EUA, 2004, de Michael Radford.

As mil e uma noites [*Il fiori delle mille e una notte*], Itália/França, 1974, de Pier Paolo Pasolini.

Uma mulher sob influência [*A woman under influence*], EUA, 1975, de John Cassavetes.

Meu nome não é Johny, Brasil, 2009, de Mauro Lima.

Na cama [*En la cama*], Chile/Alemanha, 2005, de Matías Bize.

Negros hábitos [*Entre tinieblas*], Espanha, 1963, de Pedro Almodóvar.

A noite [*La notte*], Itália/França, 1961, de Michelangelo Antonioni.

Noite de estreia [*Opening night*], EUA, 1978, de John Cassavetes.

Novo mundo [*Nuovo mondo*], Itália, França, 2006, de Emanuele Crialese.

Núpcias de lama [*Vase de noces*], Bélgica, 1974, de Thierry Zeno.

Oh! Rebuceteio, Brasil, 1985, de Cláudio Assis.

A partida [*Okuribito*], Japão, 2009, de Yojiro Takita.

Passageiro, profissão repórter [*Professione: repórter*], França/Espanha/Itália, 1974, de Michelangelo Antonioni.

Pequenos assassinatos [*Little murders*], EUA, 1971, de Alan Arkin.

Pink flamingos, EUA, 1972, de John Waters.

As praias de Agnès [*Les plages d'Agnès*], França, 2008, de Agnès Varda.

Primavera, verão, outono, inverno e primavera [*Bom Yeoreum Gaeul Gyeoul Geurigo*], Alemanha/Coréia do Sul, 2003, de Kim Ki-duk.

Les quatre cents coups, França, 1959, de François Truffaut.

Quem quer ser um milionário? [*Slumdog millionaire*], Reino Unido, 2008, de Danny Boyle.

O rap do Pequeno Príncipe contra as almas sebosas, Brasil, 1999, de Marcelo Lunas e Paulo Caldas.

A ressaca [*Hot Tub Time Machine*], EUA, 2010, de Steve Pink.

Salò ou 120 dias de Sodoma [*Salò ou le centoventi giornate di Sodoma*], Itália/Franca, 1975, de Pier Paolo Pasolini.

Sem limites [*Trainspotting*], Inglaterra, 1996, de Danny Boyle.

Singularidades de uma rapariga loura, Portugal/França/Espanha, 2009, de Manoel de Oliveira.

Stalker [*Russian Crankep*], União Soviética,1979, de Andrei Tarkovski.

Superoutro, Brasil, 1989, de Edgar Navarro.

Teorema [*Teorema*],1968, de Pier Paolo Pasolini.

Time – o amor contra a passagem do tempo [*Shi gan*], Coréia do Sul, 2006, de Kim Ki-duk.

Tokyo [*Tokyo*], episódio *Merde* [*Merde*],França/Coréia do Sul/Alemanha, 2008, de Leos Carax.

Totalmente apaixonados [*Trust the man*], 2005, EUA, de Bart Freundlich.

Tropa de elite, Brasil, 2007, de José Padilha.

Tropa de Elite 2, Brasil, 2009, de José Padilha.

Tudo sobre minha mãe [*Todo sobre mi madre*] Espanha, 1998, Pedro Almodóvar.

A via láctea [*La voie lactée*], França/Itália/Alemanha, 1968, de Luís Buñuel.

Os vivos e os mortos [*The dead*], EUA, 1987, de John Houston.

Zabriskie point, EUA, 1970, de Michelangelo Antonioni.

Zero em conduta [*Zéro de conduite*], França, 1933, de Jean Vigo.

LITERATURA, TEATRO, ARTES PLÁSTICAS, FOTOGRAFIA

Alexandre Dumas Filho, *A dama das camélias* [*La dame aux camélias*],1848.

Arkady e Boris Strugatsky, *Roadside picnic,* 1971.

Ariano Suassuna, *O auto da compadecida*, 1955.

Arnaud Daniel, *Domna Ena.*

Bertolt Brecht, *A mãe* [Die mutter], 1930-1931-1932.

Bertolt Brecht, *Mãe coragem e seus filhos* [*Mutter courage und ihre kinder*], 1938-39/1941.

Bertolt Brecht, *Os fuzis da senhora Carrar* [*Die gewehre der Frau Carrar*], 1937/1937.

Donald Westlake, *O corte* [*Le couperet*], 2001.

Donatien Alphonse François, marquês de Sade, *Os 120 Dias de Sodoma* [*Les 120 journées de Sodome ou L'Ecole de libertinage*], 1975.

Donatien Alphonse François, marquês de Sade, *A filosofia na alcova* [*La philosophie dans le boudoir*], 1975.

Eça de Queirós, *Singularidades de uma rapariga loura*, 1874.

Franz Kafka, *A metamorfose* [*Die Verwandlung*], 1915.

Gilberto Freyre, *Casa-grande & senzala*, 1933.

Gilbert & George, *Naked shit pictures* [*Os quadros da merda nua*], 1885.

Graciliano Ramos, *Caetés*, 1933.

James Joyce, *Finnegans Wake*, 1939.

James Joyce. *Retrato do artista quando jovem* [*A portrait of the artist as a young man*], 1916.

James Joyce, *Stephen Hero*, 1944.

James Joyce, *Ulisses* [Ulysses],1922.

João Cabral de Melo Neto. *Psicologia da composição*, 1947.

José Américo, *A bagaceira*, 1928.

José Lins do Rego, *Fogo morto,* 1943.

José Lins do Rego, *Meus verdes anos: memórias*, 1956.

José Lins de Rego, *Menino de engenho,* 1932.

Jules Feiffer, *Lithe Murders,* 1967.

Kohki Mitani, *Warai no daigaku*, 2004.

Lourenço Mutarelli, *O cheiro do ralo*, 2002.

Man Ray, *Le violon d'Ingres*, 1924.

Marcel Duchamp, *Roda de bicicleta* [*Bycicle Wheel*], 1913.

Marcel Duchamp, *Urinol* [*Fontaine*], 1913.

Marguerite Duras, *Les lieux de Marguerite Duras*, 1987.

Marguerite Duras, *Uma barragem contra o Pacífico* [*Un barrage contre le Pacifique*], 1992.

Otto Mühl, *A degradação de Vênus* [*Versumpfung einer Venus*], 1963.

Raimundo Carrero, *Seria uma sombria noite secreta*, 2011.

Raquel de Queiroz, *O quinze*, 1936.

René Descartes, *As paixões da alma*, 1600.

Rolf Hochhuth, *Le vicaire* [*Der Stell Vertreller*], 1960.

Sófocles, *Antígona*, [441 a.C.].

Sófocles, *Édipo Rei*, [494 a.C.].

Suzuki Harunobu, Gravura, 1725-1770.

Umberto Eco, *O nome da rosa*, 1980.

Vicas Swarup, *Sua resposta vale um bilhão de dólares*, 2009.

Vincent van Gogh, *Par de tamancos*, 1885.

William Shakespeare, *Hamlet*, 1600-1608.

William Shakespeare, *Macbeth*, 1600-1608.

William Shakespeare, *O mercador de Veneza* [*The merchant of Venice*], 1596.

William Shakespeare, *Otelo* [*Othello*],1603.

William Shakespeare, *Rei Lear*, [*King Lear*], 1606.

William Shakespeare, *Romeu e Julieta* [*Romeo and Juliet*], 1600-1608.

Wim Delvoye, *Cloaca*, 2012.

Este livro foi impresso nas oficinas gráficas da Editora Vozes Ltda.,
Rua Frei Luís, 100 – Petrópolis, RJ.